기독교문서선교회 (Christian Literature Center: 약칭 CLC)는 1941년 영국 콜체스터에서 켄 아담스에 의해 시작되었으며 국제 본부는 미국 필라델피아에 있습니다. 국제 CLC는 59개 나라에서 180개의 본부를 두고, 약 650여 명의 선교사들이 이동도서차량 40대를 이용하여 문서 보급에 힘쓰고 있으며 이메일 주문을 통해 130여 국으로 책을 공급하고 있습니다. 한국 CLC는 청교도적 복음주의 신학과 신앙 서적을 출판하는 문서선교기관으로서, 한 영혼이라도 구원되길 소망하면서 주님이 오시는 그날까지 최선을 다할 것입니다.

추천사

정 성 욱 박사

덴버신학교(Denver Seminary) 조직신학 교수

　이강철 목사님의 이 책을 적극적으로 추천합니다. 이 책은 이 목사님께서 덴버신학교(Denver Seminary) 목회학 박사 학위 취득을 위해 제출한 학위 논문을 수정하고 증보한 것입니다. 이 목사님께서는 너무도 신실하게 박사 학위 과정을 밟아 오셨고, 또한 매우 중요한 주제를 연구하셨습니다. 그것은 노년에도 결실하고, 축복의 통로가 되는 삶을 위한 제자도에 관한 연구입니다. 이 주제의 중요성은 아무리 강조해도 지나치지 않습니다.

　특별히 현대는 노년의 시대라고 해도 과언이 아닙니다. 세계인들의 평균 수명이 엄청나게 늘어났습니다. 그중에서도 한국인들의 평균 수명은 세계 최고 수준입니다. 그래서 오늘날 정년 은퇴를 하고도 20년 또는 30년의 세월을 더 살아가야 하는 분들이 많습니다.

　하지만 노년기의 기간이 길어졌음에도 불구하고, 노년기를 살아가는 사람들의 삶의 질은 높아지지 않고 있습니다. 그것은 예수님을 믿고 살아온 그리스도인들도 함께 동일하게 경험하는 바입니다. 교회에서 목회자로, 장로로, 권사로, 집사로 수십 년을 봉사한 후 은퇴하고 나면 많은 분이 삶의 목적과 방향을 잃어버리고 방황합니다. 어떤 분들은 무기력과 절망에 빠져 버립니다. 노년의 삶은 행복한 결실기가 아니라, 우울한 침체기 또는 좌절기가 되어 버립니다.

이것은 결코 주님이 원하시는 것이 아님을 우리는 기억해야 합니다. 주님께서 우리를 당신의 품으로 부르실 때까지 우리는 모두 예수 그리스도의 제자로서 풍성한 결실의 삶을 살아야 하고, 수많은 사람에게 축복의 통로가 되는 삶을 살아 내야 합니다. 이런 삶이 가능해지기 위해서는 노년의 제자도가 정확하게 인식되고, 그 인식에 따른 바른 실천이 이뤄져야 합니다.

그런 의미에서 이강철 목사님의 이 책은 결실의 노년기, 축복의 통로가 되는 노년기의 삶을 위한 심오한 지혜와 통찰을 담고 있습니다. 특별히 노년기를 맞는 모든 그리스도인은 구원의 확신, 자기 정체성 확립, 소명의식 정립, 기도/중보기도의 삶이라는 영역에 대해서 성경적인 가르침으로 무장해야 합니다. 이 책은 모든 그리스도인이 그렇게 무장하도록 돕는 책입니다.

여러분들의 삶이 노년기로 접어들고 있다면 이 책을 꼭 집어 들고 읽으십시오. 아직 노년기에 이르려면 세월이 좀 남아 있는 중년기를 살아가는 분들도 이 책을 미리 읽으시면 엄청난 유익을 얻게 될 것입니다. 또한, 누구라도 평생을 예수 그리스도의 신실한 제자로 살기 원하는 사람이라면 꼭 이 책을 읽으시라고 권면드리고 싶습니다.

부디 삼위일체 하나님께서 본서를 사용하셔서 당신의 영광을 드러내시고, 하나님의 나라를 확장하시며, 예수 그리스도의 몸 된 교회를 견고하게 세워 주시길 간절히 기도합니다.

하나님

나의 아바 아버지

여기까지 인도하신 에벤에셀 하나님

영광의 찬미를 드립니다

증언하며 살겠습니다

사랑합니다

- 이강철 목사 -

축복의 통로가 되는 삶
노년의 제자도

Strengthening Discipleship of the Korean American Elderly
Written Paul Kangchul Lee
All rights reserved.
Korean Edition Copyright ⓒ 2023 by Christian Literature Center, Seoul, Korea.

노년의 제자도
축복의 통로가 되는 삶

2023년 1월 30일 초판 발행

지 은 이	|	이강철
편 집	|	도전욱
디 자 인	|	박성숙
펴 낸 곳	|	(사)기독교문서선교회
등 록	|	제16-25호(1980. 1. 18.)
주 소	|	서울특별시 동대문구 천호대로71길 39
전 화	|	02-586-8761~3(본사) 031-942-8761(영업부)
팩 스	|	02-523-0131(본사) 031-942-8763(영업부)
이 메 일	|	clckor@gmail.com
홈페이지	|	www.clcbook.com
송금계좌	|	기업은행 073-000308-04-020 (사)기독교문서선교회
일련번호	|	2023-11

ISBN 978-89-341-2519-8(03230)

이 책의 출판권은 (사)기독교문서선교회가 소유합니다.
신저작권법에 의하여 한국 내에서 보호를 받는 저작물이므로 무단 전재와 무단 복제를 금합니다.

신학 박사 논문 시리즈 73

축복의 통로가 되는 삶

노년의 제자도

이 강 철 지음

CLC

목차

추천사 정 성 욱 박사 | 덴버신학교(Denver Seminary) 조직신학 교수 ············ 1

제1장 서론 ············ 10
    1. 연구의 근본적인 이유 ············ 10
    2. 연구의 목적과 중요성 ············ 19
    3. 문제 진술 및 연구 질문 ············ 30
    4. 개략적인 성경적·신학적 기초 ············ 34
    5. 개략적인 이론적 기초 ············ 35
    6. 개략적인 연구 설계 ············ 37
    7. 결과와 요점 ············ 38

제2장 성경적·신학적 기초 ············ 39
    1. 서론 ············ 39
    2. 노년에 대한 성경적 관점 ············ 53
    3. 노년에 대한 신학적 관점 ············ 70
    4. 결론 ············ 81

제3장 이론적 기초와 연구 방향 ············ 88
    1. 서론 ············ 88
    2. 이론적 기초: 노년에 겪는 문제들 ············ 93
    3. 연구 방향 ············ 98

제4장 연구 질문과 설계 ············ 162
    1. 서론 ············ 162
    2. 연구 질문 ············ 163
    3. 연구 설계 ············ 168

4. 참가자 선정	175
5. 연구 일정과 교육 과정	177
6. 연구에 영향을 줄 수 있는 쟁점들	179
7. 의도한 결과들 및 예상된 결과들	180

제5장 연구 결과 및 요약 182

1. 연구 결과	182
2. 인터뷰 질문에 대한 결과	191
3. 결과들에 대한 요점	196
4. 연구 결과 요약	198
5. 결론	199

참고 문헌 204

도표

도표 1. 설문조사 질문들: 노년의 제자도	169
도표 2. 설문조사 질문들: 구원의 확신	170
도표 3. 설문조사 질문들: 정체성 확립	171
도표 4. 설문조사 질문들: 소명	172
도표 5. 설문조사 질문들: 기도-중보기도	173
도표 6. 인터뷰 질문들	174
도표 7. 참여자 현황	177
도표 8. 제1·2그룹 교육 일정과 내용	178
도표 9. 노년의 제자도	184
도표 10. 구원의 확신	186
도표 11. 정체성 확립	187
도표 12. 소명	189
도표 13. 기도-중보기도	190
도표 14. 인터뷰 질문	195

제1장

서론

> 그는 늙어도 여전히 결실하며 진액이 풍족하고 빛이 청청하니 여호와의 정직하심과 나의 바위 되심과 그에게는 불의가 없음이 선포되리로다(시 92:14, 15).

> 너희가 열매를 많이 맺으면 내 아버지께서 영광을 받으실 것이요 너희는 내 제자가 되리라. 너희가 나를 택한 것이 아니요 내가 너희를 택하여 세웠나니 이는 너희로 가서 열매를 맺게 하고 또 너희 열매가 항상 있게 하여 내이름으로 아버지께 무엇을 구하든지 다 받게 하려 함이라(요 15:8, 16).

1. 연구의 근본적인 이유

"뭐라고? 다시 말 해봐요. 잘 안 들려."
조금 앞서 걷고 있던 할아버지가 뒤따라오던 할머니에게 말했다.
"아이고, 이 영감탱이, 그거 하나 얼른 알아듣지 못하고 …"
"아 집 열쇠는 잘 챙겼냐고, 이 양반아."
그리고 얼마 후 외출을 마치고 집에 돌아오다가 계단 중간에서 잠시 숨을 몰아쉬면서 쉬고 있었다. 그러다가 할머니가 할아버지에게 묻는다.
"우리가 지금 외출하러 가는 중이요, 집으로 돌아오는 중이요?"

그때 할아버지가 이렇게 말했다.

"집 열쇠 여기 있어, 빨리 집에 가서 문이나 열어."

나이가 많은 부부의 이 모습은 어떤 면에서는 정다워 보이면서, 또 한편으로는 걱정스러운 부분도 엿보인다.

"하나님은 당신을 사랑하십니다"라는 간단한 말의 의미를 깊이 생각해 본 적이 있습니까?[1]

이렇게 노년의 사람들에게 물어 볼 수 있다. 하나님께서 인간을 사랑하신다는 이 말은 남녀노소를 불문하고 누구나 이해할 수 있는 가장 중요한 진리를 내포하고 있다. 그것은 하나님께서 우리와 사랑의 관계를 맺기 위해 우리를 부르셨다는 사실이다.[2] 하나님은 노인을 어제나 오늘이나 변함없이 사랑하신다. 하나님의 부르신 사랑에 대하여 책임감 있게 반응하는 것이 노년의 제자의 삶이다.

1) 고령화 시대

21세기에 접어들어 사회가 고령화되고 있다.[3] 노년층은 늘어나고 신생아는 줄어들고 있는 상황이며 평균 수명이 많이 길어지고 있다. 그래서 백세 시대라고도 한다. 여기에 발맞춰 UN에서도 연령층을 다음과 같이 새로 분류했다.

(1) 0에서 17세는 미성년자
(2) 18세에서 65세까지는 청년
(3) 66세에서 79세는 중년

---

1   척 스미스, 『은혜의 비밀』, 오영길 역 (서울: 나침반사, 2001), 6.
2   Ibid., 6.
3   안셀름 그륀, 『황혼의 미학』, 윤선아 역 (경북: 분도출판사, 2013), 8.

(4) 80세에서 99세는 노년

(5) 100세 이상은 장수 노인

UN은 1982년 세계 노인 문제 회의에서 "21세기는 노인의 시대가 될 것(고령화 시대)임"[4]을 예고한 것이 현실이 되었다. 연령은 새로운 경계선일 뿐이다. 그러나 분리 자체가 해로운 고정관념을 상징하며 노인들의 자존감을 떨어뜨리고 능력까지 감퇴시키는 경우도 종종 있다."[5]

연령에 따른 분리가 노년에 있는 사람들에게 낙인처럼 느껴지게 해서는 안 된다. 나무위키가 2020년에 발표한 "국가별 평균 수명" 순위를 보면, 한국인들의 평균 수명은 2019년 1월 30일 현재 남녀 평균으로는 83.01세이다. 남자는 80.5세, 여자는 85.74세로 나타났다. 세계에서 3위를 차지하고 있다. 약 20년 전보다 무려 12세나 길어졌다. 2019년 대한민국 통계청이 발표한 바에 의하면, 65세 이상 고령 인구는 약 768만 5천 명이다. 2022년 현재는 UN의 입장에서 보면 65세를 고령이라 할 수 없지만, 대한민국 통계청의 2020년 4월 16일에 65세 이상 고령 인구 비율에 대한 발표를 참고로 65세 이상을 노년으로 보고 연구를 진행한다.

고령 인구 비율로는 14.9퍼센트이며, 계속 증가 추세이다. 이 정도면 이미 '고령 사회'라고 말할 수 있으며, 20년 이내에 초고령 시대가 된다. 문제는 "사회가 고령화되고 있다고 입을 모아 한탄하는 사람들의 어조는 상당히 공격적이다."[6]

한국인이라면 이민의 삶을 사는 사람들도 마찬가지로 고령화 시대에 살고 있다. 한인들이 밀집하여 살고 있는 대도시들에서도 뚜렷하게 나

---

4 고광애. 『아름다운 노년을 위하여』 (서울: ㈜아침나라, 2006), 15.
5 마사 누스바움·솔 레브모어. 『지혜롭게 나이 든다는 것』. 안진이 역 (서울: 어크로스, 2019), 127.
6 그륀. 『황혼의 미학』, 8.

타나고 있는 현상이다. 콜로라도 덴버에 한인 교회를 출석하는 성도 중, 담임목사들을 대상으로 전화 혹은 설문(직접) 조사한 결과에 의하면, 65세 이상이 약 50-60퍼센트를 차지한다. 앞으로는 더 높아질 것으로 추산된다. 대한민국 정부가 출생률을 높이기 위해 많은 투자를 하고 있지만, 신생아보다는 노인의 수가 급격하게 늘고 있다.

롤랜드 버거(Roland Berger)는 그의 책에서 '인구학적 역학'을 다루면서 2030년 중위 연령 기준으로 가장 젊은 국가와 가장 늙은 국가 15위를 도표로 설명하는데,[7] 한국은 가장 늙은 국가 8위에 등재되어 있고, 일본이 1위를 차지하고 있다. 그러면서 "선진국의 가장 큰 과제는 늘어나는 노령 인구 비율(만 15-64세 사람 숫자 당 만 65세 이상의 사람의 수)에 대처하는 방법이다"[8]라고 했다. 이 문제는 경제 문제를 포함해서 담론이 되고 있다. "인구 고령화는 인류가 지금껏 겪어 보지 못한 거대한 변화다."[9]

이에 대하여 교회는 어떻게 보고 있고, 어떻게 할 것인가?

기독교 공동체 안에서도 이 문제를 활발하게 연구할 필요가 있다.

2) 시대적 문제

현대는 정보화 시대로 정보 공유를 통해 세대 차이가 많이 좁아진 것으로 생각할 수 있지만 젊은이들과 노년층의 세대 차이는 오히려 생각보다 간극이 벌어져 있다. 세대 간의 경계선이 분명히 그어졌다고 말할 수 있다. '구식이냐 신식이냐'라는 것이다.[10] 구약 시대 모세는 백성을 잘살게

---

7 롤랜드 버거, 『4차 산업혁명, 이미 와 있는 미래』, 김정희, 조원영 역 (경기도: 다산북스, 2018), 257.
8 Ibid., 258.
9 Ibid., 269.
10 제러미 리프킨, 『소유의 종말』, 이희재 역 (서울: ㈜민음사, 2008), 123.

하는 지혜가 노인들에게 있음을 알고 있었다. 반면 오늘날에는 젊음이 유일한 이상(理想)으로써 젊음을 유지해야 한다고 생각한다.[11]

현시대의 젊은 세대는 정보화의 많은 것들을 누리며 살고 있다. 반면에 노년은 정보화 시대의 장점을 누리지 못하는 편이다. 그러므로 세대와 세대 간의 갭이 농경사회 사람들과 4차 산업 시대의 사람들 정도의 차이가 난다. 노년의 사람들은 현대의 세계화와 미래 시장[12]에 발맞추어 뛰기가 벅차다. 하지만 젊은 세대는 변화된 사회에서 뒤처지지 않으려면 정신없이 뛰어야 한다.[13]

세계화와 미래 시장의 문제는 젊은이들의 몫이다. 또한, 현대 테크놀로지에 푹 빠져서 노년 사회에 대해서 신경 쓸 여력이 없다. 경제적 도움을 주는 것으로 의무를 다하는 것처럼 여긴다. 젊은 세대는 혼란스러워 보이는 오늘날의 세계를 이해하려고 노력하면서 변화에 발맞추어 나아가므로 시대에 뒤떨어지지 않아야 한다.[14]

이런 시대에 노인들은 자녀들에게 도움을 받아 살아갈 생각을 별로 하지 않는다고는 하지만, 은근한 기대가 가슴 한구석에 자리 잡고 있다. 현실 지향적인 자아를 버리지 못한 감정이 묻어난 것이다.[15] 이 일은 본 연구자가 약 7년간 엠버우드요양원에 기거하는 노인들을 위한 사역을 해 오면서 확인된 것이다.

자녀들이 부모의 마음을 눈치챈다면 어떤 자세를 취하게 될까?

부모를 함께 모시고 살고 싶은 생각이 있어도 갈등이 생기면 오히려 함께하는 것이 더 큰 해가 될 수 있다는 생각을 안 해본 자녀들이 별로 없을

---

11 그륀, 『황혼의 미학』, 9.
12 롤랜드 버거, 『4차 산업혁명』, 270.
13 리프킨, 『소유의 종말』, 23.
14 앨빈 토플러, 『부의 미래』, 김중웅 역 (경기도: 청림출판, 2007), 24.
15 헨리 나우웬, 『예수님의 이름으로』, 두란노 출판부 역 (서울: 두란노서원, 2008), 24, 32.

것이다. 현대의 많은 사람은 결혼한 딸이 시부모와 함께 사는 것을 결사 반대하는 입장이다. 아들의 부모 입장에서도 그러한 의견을 따르는 사람들이 많다. 노령 인구가 증가하면서 사회가 떠안는 부담도 가중되며 후세에 무거운 짐이 된다는 것을 서슴지 않고 주장하는 일들이 많아졌다.[16]

그런데, 성경은 이 세대를 본받지 말고 오직 마음을 새롭게 함으로 변화를 받아 하나님의 선하고 기뻐하고 온전한 뜻이 무엇인지 분별하라고 말씀한다(롬 12:2).

오늘날의 사회는 지혜가 무엇이고 노년의 의미가 무엇인지 아는 새로운 감각이 필요하다. 이 감각을 예민하게 발전시킬 때 사회가 품고 있는 보화를 발견하고 보존할 수 있다."[17] 청년 시기의 제자의 삶은 활발한 실천적 활동을 바탕으로 하지만, 노년 시기의 제자의 삶은 축적된 보화와 같은 영적 축복의 권위를 가지고 있다.

인간은 외부 세계와 반응하면서 성장하고 성숙해 간다. 누구에게 반응하는가 혹은 책임이 있는가 하는 것이 중요하다. 이는 책임감이 정체성을 확립하기 때문이다.[18] 예수님은 하나님의 사랑을 나타내기 위한 책임감으로 연약한 죄의 몸을 입고 세상에 오셨다.[19] 노년에 예수 그리스도 안에서 부르시는 하나님의 사랑에 책임감 있게 반응함으로 제자도의 삶이 그의 정체성이 되어야 한다.

그러므로 "하나님을 사랑하기보다는 하나님 되는 것이 더 쉽고, 사람들을 사랑하기보다는 사람들을 다스리는 것이 더 쉽다"[20]는 말에서 벗어나, 겸손하게 주를 따르는 삶이 되어야 한다. 성경은 모든 무거운 것과 얽매

16　그륀, 『황혼의 미학』, 8.
17　Ibid., 9.
18　기니스, 『소명』, 홍병룡 역 (서울: 한국기독학생회출판부, 2002), 33-35.
19　나우웬, 『예수님의 이름으로』, 26.
20　Ibid., 79.

이기 쉬운 죄를 벗어버리고 예수를 바라보면서 인내로써 계속 경주하라 한다(히 12:1-2). 그리고 완전함 가운데로 나가라 한다(히 6:2). 우리가 세상적인 문제를 세상적 차원에서 다 마무리할 필요는 없다.[21]

노년기에 약해졌음을 인정하고 예수 그리스도 안에서 마음과 영을 돌보면서[22] 위에서 부른 상급을 향하여 달려갈 길을 올곧게 달려 나가는 것이 노년의 제자도의 삶이다. 모든 인간은 날마다 늙어 간다. 예외란 없다. 그러므로 늙음에 대한 숙고는 노인들뿐만 아니라 모든 사람에게 중요한 사실이다.[23]

노년에 자신의 힘이나 경제적 혹은 복지의 힘, 또 주위의 힘을 의지하지 않고 자신을 비워 인간의 모습이 되신 예수 그리스도의 사랑으로 역동적인 삶을 살아야 한다.[24] 노년에는 지난날 자신이 무엇을 이루었는가를 기준으로 가치를 결정하려는 것을 내려놓아야 하고, 다른 사람과 비교하려는 강박에서 벗어나야 한다.[25]

> 비록 무화과나무가 무성하지 못하며 포도나무에 열매가 없으며 감람나무에 소출이 없으며 밭에 먹을 것이 없으며 우리에 양이 없으며 외양간에 소가 없을지라도 나는 여호와로 말미암아 즐거워하며 나의 구원의 하나님으로 말미암아 기뻐하리로다(합 3:17-18).

이 고백은 하나님의 백성이 우선순위를 주님께 두겠다는 것이다.[26] 사랑의 친밀한 관계(요 17:3)는 인간의 참 자유로운 선택으로 주님과 연합

---

21 박영선, 『하나님 나라의 이해』 (서울: 엠마오, 1992), 138.
22 마르쿠스 툴리우스 키케로, 『노년에 관하여 우정에 관하여』, 천병희 역 (경기도: 숲, 2014), 47-48.
23 그륀, 『황혼의 미학』, 9.
24 나우웬, 『예수님의 이름으로』, 77-79.
25 그륀, 83.
26 옥한흠, 『시험이 없는 신앙생활은 없다』 (서울: 두란노, 1989), 124-125.

한 관계이다.[27] 이는 주님의 영과 우리의 영의 연합 관계를 말하는 것으로서 주님의 공급하심을 받아 장성하면서 제자의 삶을 살아갈 수 있게 된다는 의미이다. 그리스도와 신자가 연합된다는 이 신비, 하나님의 새 생명을 흘려보내는 축복의 통로가 되는 이 숭고한 신비를 올바로 아는 것이 매우 필요하다.[28] 친밀함은 고통 없이는 얻기 어렵다.[29] 고통을 통과하고 때로는 뛰어넘어야 한다.

그런데 많은 노인이 고통을 잘 견디는 것 같으면서도 내면에서는 거부하는 경향이 강하다. 기도를 통해 과거의 관습 같은 것들은 빨리 벗어버려야 한다 (엡 4:20-24). 약한 부분이 있어도 약한 부분 때문에 시험을 당하는 것이 아니다. 약한 부분을 알고도 기도하지 않기 때문이다.[30] 노년에도 기도하는 사람은 실패에 머물러 있지 않고 승리한다.[31]

3) 성경적 축복의 통로

노년에 축복의 통로가 되어 다른 사람들이 예수님과의 영적 연합이 무엇인가를 알게 하며 긴밀한 유대를 맺게 하는 제자의 삶을 위해 자신이 먼저 주님과 연합 관계 속에 있어야 한다. 그리고 다음 세대를 이해하고 존중하며 살리는 씨름이 필요하다. 동양 사회는 도덕과 윤리 사회로 자라왔다. 불행하게도 유교 전통은 인간관계를 상하관계로 고정되게 하여 평등 관계를 약화시켰다.[32] 독선을 버리고 동등한 입장에서 관계를 맺어야

---

27 나우웬, 『집으로 돌아가는 길』, 최종훈 역 (서울: 포이에마, 2015), 223.
28 칼빈, 『기독교강요(하)』, 439-440.
29 마샬, 『관계』, 채두병 역 (서울: 예수전도단, 2004), 35.
30 옥한흠, 『시험이 없는 신앙생활은 없다』, 153.
31 그륀, 『황혼의 미학』, 31.
32 김형석, 『삶의 한가운데 영원의 길을 찾아서』 (경기도: 열림원, 2020), 116.

한다.[33] 서로 존중하는 영적인 연합 관계로 세워져야 한다.

오늘날 100세 시대에 수많은 그리스도인이 얼마나 많은 세월을 무의미하게 허송해야 하는가 하는 문제에 대해 심도 있게 성찰하고[34] 노년에도 결실하는 삶 - 축복의 통로가 되어 영적 유산을 물려주는 삶 - 을 위한 제자도를 강화하는 연구를 하고자 하는 것이 연구의 근본적인 이유이다.

성경은 이렇게 말씀한다.

> 세월을 아끼라 때가 악하니라 그러므로 어리석은 자가 되지 말고 오직 주의 뜻이 무엇인가 이해하라(엡 5:16-17).

그리스도께서 노년의 사람들을 향하여서 제자의 삶을 포기하지 않기를 바라신다. 그런데도 노년의 많은 사람이 제자의 삶을 포기한 채 살고 있다. 제자의 삶이 잊혀지고 있다. 그러므로 실천되지 않는 것에 대한 문제들을 찾아내고 교육과 훈련을 통해 노년에도 결실하는 제자의 삶을 실천하게 하려고 한다.

연구의 목표 중 하나는 노년의 사람들로 하여금 자신 내면에 이미 뭔가 내어줄 만한 것이 있음을 깨닫도록 돕는 것이다.[35]

인생은 "선택과 결단에 따라 삶의 내용과 의식의 과제가 탄생된다. 의식 기능은 삶의 작용의 일부이고 삶 자체를 가능케 하며, 그 내용을 만드는 것은 의지, 열정, 결단적 선택과 더불어 이루어진다."[36] 그런데도 많은 노년의 그리스도인들이 결실하는 삶에 대하여 무관심하거나 결실하는 삶이 무엇인지조차 생각지 않고 살고 있다. 그 결과 가벼운 신앙을 가지고

---

33 나우웬, 『집으로 돌아가는 길』, 179.
34 그륀, 『황혼의 미학』, 14.
35 헨리 나우웬, 『영성 수업』, 윤종석 역 (서울: 두란노서원, 2016), 26.
36 김형석, 『삶의 한가운데 영원의 길을 찾아서』, 191.

소견에 옳은 대로 행동하게 된다. 이런 모습에서는 하나님의 부르심과 상관없는 삶이 되고 만다.[37]

다른 말로 하면, 노년의 그리스도인들이 제자도의 삶을 이해하지 못하거나, 이해한다고 해도 제대로 실전하지 못하는 형편에 처하게 된다. 왜냐하면, 구원의 확신이 없고, 이에 따라 자신의 정체성을 모르고 있으며, 구원의 확신이 있는 노인일지라도 자신의 정체성에 대해서는 깊이 생각지 못한 채로 살고 있으며, 정체성을 모름에 따라 소명 의식, 곧 해야 할 일이 무엇인지에 대한 생각도 없이 살아간다.

어떤 노인들은 소명 의식에 대하여 투철한 지식이 있음에도 제대로 실행하지 않는 나태함이 있다.[38] 기도가 올바로 실행되지 못한다. 이러한 결과들이 노년에 결실하는 제자도의 삶을 약화하고 또한 무력화하기 때문에 노년의 열매 맺는 삶을 위한 제자도 강화 연구는 중요한 문제로써 필요 불가결한 것이다.

2. 연구의 목적과 중요성

노년에 제자도가 실행되지 못하는 상황에 대하여 연구하고 문제를 해결함으로써 노년에도 열매 맺는 제자의 삶을 통해 다음 세대나 사회에 부담스러운 짐이 되는 것이 아니라, 오히려 축복의 통로로 영적인 유산을 물려주고자 한다. 하나님께서 주신 소명에 대하여 현대인의 나태함에는 몇 가지 측면이 있겠지만 무엇보다 철학적인 면과 문화적인 측면이 크다. 철학적인 면에서 보면, 하나님에 대한 믿음을 잃은 상태 – 따라서 영원불멸에

---

[37] 기니스, 『소명』, 108.
[38] Ibid., 231.

대한 신앙도 상실한 – 는 삶 자체의 생명이 고갈된 상태로 치닫게 된다.[39]

하나님은 우리를 위해 예수 그리스도를 영원한 인도자로 택하였다. 그리고 신적 리더십과 인간적 리더십을 하나로 묶어 주시고 만민에게 증거로 세워 주셨다.[40] 노년일지라도 나를 따라오라(마 4:19)한 예수 그리스도의 말씀을 따라 순종하며, 말씀 안에서 배우고자 할 때 그리스도의 참 제자가 되어, 진리를 알게 되며, 진리로 자유케 되는 것이다(요 8:31-32). 이 과정을 통하여 열매 맺는 제자의 삶이 이루어지며, 다음 세대나 사회에 축복의 통로가 되어 영적 유산을 물려주는 사람으로 서게 된다.

본 연구자는 이스트 아프리카 케냐 선교사로 사역하였고, 현재 덴버 포에버선교회의 리더로 덴버에 있는 엠버우드요양원(Amberwood Court Care Center)에서 수년간 한인들을 위한 주일 예배 사역을 해 오고 있다. 이 요양원에 있는 한인들의 평균 연령은 약 88세이다. 이 사람들의 삶은 한정된 건물 안에서 보호받는 삶이기 때문에 특별히 할 일은 없다. 국가의 복지정책에 따른 도움으로 생활하고 있기 때문이다.

이렇게 힘이 약해진 현상 때문에 노인들을 향한 특별한 보살핌이 꼭 필요하다.[41] 그러므로 요양원의 규칙을 따라 식사하고 시간을 보내고 잠자리에 들고 하는 생활이 반복된다. 요양원 밖에서 생활하는 노년의 사람들은 좀 더 활동적으로 보인다. 그렇다고 열매나 활력이 있는 삶이라고 할 수 없다.

왜냐하면, 어떤 노인들은 산골 자기에 있는 호텔에 가서 하루 종일 게임을 한다. 어떤 노인들은 맥도널드 가게에서 긴 시간을 보낸다. 그렇지

---

39 기니스, 『소명』, 232.
40 리처드 포스터 · 에밀리 그리핀, 『리처드 포스터와 함께하는 영성 고전 산책』, 박성규 역 (서울: 두란노, 2002), 117.
41 미로슬라브 볼프 · 라이언 메커널리린츠, 『행동하는 기독교』, 김명희 역 (서울: 한국기독학생회출판부, 2018), 104.

않으면 집에서 무료하게 시간을 보내거나 한국 방송이 나오는 TV 앞에서 시간을 보낸다고 하는 사람들이 많다. 컴퓨터를 그래도 다룰 줄 아는 사람들은(소수에 불과하지만) 컴퓨터 앞에서 시간을 보낸다. 그리고 시설이 갖춰진 곳에 모여 하루를 보내는 사람들도 있다. 여기에서 제자의 삶을 찾아보기 어렵다.

그러므로 노년에 궁극적인 질문 즉 예수 그리스도께서 노년의 사람들이 제자도를 잃어버린 것에 대하여 어떻게 보실까?

이에 대하여 성찰한다. 우리 삶의 성격과 가치를 되돌아보고, 삶의 모든 것을 내려놓을 수 있다. 우리가 부당하게 대했던 사람들과 우리에게 부당하게 대했던 사람들과 화해할 수 있다. 그리고 마지막에 죽을 준비는 '신적 생명으로 가는 부활의 첫 단계'가 될 수 있다는 새로운 시작에 대한 소망[42]이라는 것을 자각할 수 있다.

왜냐하면, 제자의 삶을 강화함으로 "늙어도 결실하고," 축복의 통로가 되어 영적 유산을 물려주려 하기 때문이다. 모든 사람을 도울 수는 없지만, 노년의 그리스도인들이 계속해서 열매 맺는 제자도의 삶을 소망하고 살아 낼 수 있도록 조그마한 대안을 마련하고자 하는 것이며, 앞으로 더 효율적인 대안이 세워지는 밑거름이 되고자 한다.

1) 옛 사람과 새 사람

인생의 나이는 길이보다 의미와 내용에서 평가된다.[43] 겉으로 보면 활력이 있는 것처럼 보이고 성공적인 삶이라 여겨지지만, 내면으로는 회한이 서린 후회와 분노가 있고, 또 무가치한 인생이었다고 푸념하는 사람들

---

42 볼프 · 메커널리린츠, 『행동하는 기독교』, 177.
43 김형석, 『백년을 살아보니』 (서울: 알파스페이스, 2019), 177.

이 많다. 이유는 구원의 확신이 없고, 자신의 정체성을 모르고 세속의 야망을 좇아 살았던 삶이었기 때문이다.

하나님과 바른 관계가 맺어졌을 때 틀림없이 다른 지체들과 다른 피조물들 과도 바른 관계를 맺게 된다.[44] 중요한 것은 자신이 완전히 파산했다는 사실을 발견하기 전까지는 하나님과 올바른 관계를 시작할 수 없다는 것을 아는 것이다.[45] 올바른 관계는 삶의 시야를 넓혀 주고 삶의 결실을 풍요롭게 만들어 준다.

노년의 허약함과 여러 가지 고통스러운 상태도 예수 그리스도 안에 받아들여지기를 원하여 그리스도의 영으로 채워져 변화되고자 하는 열망은 삶의 부유함에 속한다.[46] 노년이 되면 여러 가지 보고 들은 경험 등을 통해 시야가 넓고 아는 것이 많아 사회적응을 잘 할거라 생각하지만 그렇지 못한 경우가 더 많다. 그 이유는 성장하는 시절에 받아들인 고정관념 때문이다.[47] 예를 들어, 무지개는 원래 원형인데도 늘 보아온 것은 반원형이었다. 그래서 시각적인 경험을 사실로 믿게 된 나머지 무지개는 반원형인 것으로 생각한다.

우리는 이처럼 고정된 관점에서 관찰한 결과를 대상으로 전체라고 오해하는 경우가 많다. 이러한 고정관념들은 사실을 왜곡할 뿐만 아니라 사고의 틀을 매우 좁게 만든다.[48]

여기에서 결과적인 것은 이제까지 인식되고 습관화된 그 이상의 범주를 벗어나지 못한다는 것이다. 그래서 이 범주에 들지 않는 것들에 대한 이해나 포용이 쉽지 않다는 데 문제가 있다. 노년에 이러한 문제가 의외

---

44 루이스, 『순전한 기독교』, 228.
45 Ibid., 228.
46 그륀, 『황혼의 미학』, 117.
47 달라스 윌라드, 『하나님의 모략』, 윤종석 역 (서울: 복 있는 사람, 2002), 32.
48 강동우 외 3인, 『(개정판) 논리적 사고와 글 쓰기』 (경기도: 경진출판, 2020), 10.

로 많이 드러난다. 노년의 무력감도 학습된 고정관념 때문에 없는 것을 있는 것처럼 생각하여 생기는 경우가 많다. 이러한 고정관념들을 깨뜨리려 한다. 노년의 때에 자신의 여생을 새로운 기초 위에 세우고 하나님의 사랑 안에서 새로운 의지 처를 찾기 위해 거치지 않으면 안 될 단계에 있다는 것을 알게 하려 한다.[49]

그렇지 않으면 과거의 상황이나 이 세대의 세속에 묶여 마음을 새롭게 할 수 없고 노년의 제자도의 삶을 실천할 수 없게 되는 것이 자명하기 때문이다.

노년에 들어섰을 때, 사회적인 모든 짐을 내려놓게 되는 이해와 다짐을 할 수 있어야 한다. 또한, 제자도의 삶을 위해 모든 것을 쏟아 보리라 하는 새로운 마음가짐과 노력이 필요하다. 예수님은 몰려다니는 경향이 있는 구경꾼과 기꺼이 부름을 받고 따르려고 하는 사람을 구분하셨다.[50] 끌려다니는 사람을 쫓겨 다니는 사람으로 본다. 끌려 다니는 사람은 전인적인 인격에는 별 관심이 없고 자기 성취의 표상들에 집착하여 오직 성취함으로써만 만족을 얻는다. 그리고 아주 경쟁적인 경향이 있어서 반대나 불신에 부딪히게 되면 언제든지 폭발할 수 있는 격렬한 분노를 품고 있기도 하다.[51]

성경에서 쫓겨 다니는 사람의 전형적인 예는 사울왕이다.

성경의 사울 이야기는, 누구나 자신이 가지고 있는 몇 가지 성격적 결함을 내면에서 잘 다스리지 않으면 그것이 곧 자제력을 잃게 만들 수도 있다는 경각심을 주기에 충분하다.[52]

---

49 그륀, 『황혼의 미학』, 129.
50 고든 맥도날드, 『내면세계의 질서와 영적 성장』, 홍화옥 역 (서울: 한국기독학생회출판부, 2002), 35.
51 Ibid., 38-42.
52 Ibid., 46.

2) 부흥을 위한 노년의 역할

어떤 사람들은 한정된 울타리 안에서 반복되는 삶을 살아가는 것 같지만 그 안에 생명이 흐르고 열매가 나타난다. 연약함 같은 삶 중에도 활력 있는 삶이 무엇인가를 말할 수 있게 되는 것은 하나님의 임재 안에서 침묵하고,[53] 소통하면서 기도하는[54] 삶으로 이루어진다. 증언할 것이 있는 삶으로 세워진다.

성령님의 선물로서 기도는 하나님으로부터 비롯되는 대화로 끊이지 않고 이어진다. 대화가 진전되고 무르익으면 기도는 하나님과의 만남으로 발전하는 것이다. 일상 속에 하늘나라가 이뤄지는 셈이다.[55]

성경이 말하는 '하나님의 말씀'이란 세상에 살아 역사하시는 하나님의 임재를 가리킨다.[56] 그러므로 하나님의 말씀을 묵상하고 실천하는 가운데 하나님의 임재 연습이 필요하다.[57] 성경은 하나님의 나라가 이미 너희에게 임하였다고 말씀한다(마 12:28; 눅11:20- 21). 하나님의 나라가 이루어지는 삶은 세대와 세대가 함께 어우러지는 축복의 삶으로 연결되어 부흥을 바라보는 삶이다.

진정한 부흥을 바라볼 때, 현대 교회 안에 젊은이가 적어지고 있는 것에 대한 노년의 되돌아봄이 필요한 시기임을 안다. 10대와 20대가 되어 만나는 교사들은 그 역할이 사뭇 다르다. 인생에서 만나지는 교사는 삶의 구석구석에서 다양하고 천차만별이라 할 수 있는데 "자신을 가르치고 훈련한 자들이 누구인지 인식하고 그들의 가르침이 나에게 남긴 결과를 평

---

53 켈러, 『기도』, 92.
54 Ibid., 77.
55 Ibid., 78, 81.
56 Ibid., 85.
57 정성욱, 『밝고 행복한 종말론』 (경기도: ㈜눈출판그룹, 2016), 309-310.

가하는 것은 인생의 주요한 전기 가운데 하나다."[58]

　현재는 어떻게 해서 부흥의 삶을 살 수 있느냐에 대한 연구가 진행 중이고, 또 깊이 연구되어야 하는 일로 우리 앞에 다가와 있다. 노년 그리스도인들의 역할이 중요하다. 노년의 그리스도인들이 이웃과 사회 그리고 다음 세대에 짐이 되지 않고, 성경에서 말한 바와 같이 아브라함과, 이삭과, 야곱을 통해 축복을 후손에게 전해 주는 축복의 통로가 되어야 마땅하다.[59] 그런데도 "노년의 수수께끼를 깊이 성찰하는 책은 찾아보기 어렵다"[60]라는 것이 현 실정이다.

　나이 듦에 '선행 학습'이 반드시 필요하다.[61] 노년에 접어들었다는 것을 인식할 때 당황하지 않기 위해서 준비하고, 세월을 덧없이 흘려보내지 않기 위해서 필요하다. 지나온 삶을 정리하면서 노년에 어떤 가치관을 가져야 다음 세대에 기여할 수 있는지를 깊이 성찰하게 도우려 한다. 자신의 남은 삶을 역동성 있는 제자의 삶으로 완성하게 하려는 것이다.

　노년의 삶은 있는 그대로 가치가 축적된 삶이었다는 것을 인식할 수 있는 것은 자신의 정체성을 알고 나서 사랑받아 살아온 삶이었다는 것이 믿어질 때이다. 그러므로 노년에 접어들었을 때 영혼 구원에 대한 확신으로 자신의 정체성을 확립하고 소명 의식을 따라 사는 것이다.

　남녀노소를 불문하고 자신의 정체성은 중요한 문제이다. 노년에 이르렀을 때 자신의 정체성을 바로 이해하지 못하면 자신의 책임성을 확립할 수 없다. 자신의 정체성은 하나님의 부르심에서 찾을 수 있게 되는 것으로서 구원의 확신과 함께 따라오는 것이 성경적 관점이다. 하나님께서 모세를 부르시는 장면에서 그가 하나님을 만나고, 그리고 자신에 대해 배우

58　윌라드, 『하나님의 모략』, 366-367.
59　정성욱, 『밝고 행복한 종말론』, 106.
60　누스바움. 레브모어, 『지혜롭게 나이 든다는 것』, 11.
61　이근후, 『나는 죽을 때까지 재미 있게 살고 싶다』(서울: ㈜ 웅진씽크북, 2019), 8.

기 시작했다(출 3:1-4:17). 이 일을 신약성경으로 덧붙여 설명하면, 예수 그리스도를 통해 구원을 얻고, 구원의 확신과 양육의 과정을 통해 하나님을 알고, 성화되어 가면서,[62] 하나님을 아는 만큼 자신의 정체성을 더 확실하게 알게 된다.

하나님을 아는 것과 믿는 것에 비례하여 그의 성장이 진전된다.[63]

하나님의 사랑받는 자녀로서의 정체성을 갖게 될 때 '내가 누구인가'를 알게 되고, 부르시는 하나님, 곧 '소명'에 바로 응답해 드릴 수 있기 때문이다. 많은 노년에 있는 사람들이 책임성을 잘 모르고 있다. 정체성 확립이 희미하다는 반증이다.

책임성은 정체성을 확립한다. 그러나 정체성 때문에 우리가 책임 있는 존재가 되는 것은 아니다. 오히려 우리가 책임 있는 존재이기 때문에 정체성을 갖는 것이다.[64] 노인들이 책임 있는 삶을 산다면 자녀들에게만 아니라 다음 세대에 짐이 되지 않고 오히려 영적이고도 아름다운 생명의 유산을 물려줄 수 있다.

사회적 담론이 된 '문제 노인으로[65] 자녀들에게만 아니라 다음 세대인 젊은이들에게나 사회에까지 부담'이 되는 것은 성경적이지 않다. 그런데도 직접적으로는 먼저 자녀에게 부담이 되고, 간접적으로 사회에 부담이 되는 경우가 많다.[66] 또한, 격동의 세월을 지나오면서 가슴에 쌓인 상처들과 다른 세대와의 이해 충돌로 인한 갈등의 문제가 잠복해 있어서 민감한 문제에 부딪히거나 상처가 있는 부문에 부딪히면 화가 폭발한다. 이럴 때 문제는 정직하게 소통하기보다는 교묘하게 안 그런 척 속임수가 등장하게 된다.

---

62 정성욱, 『정성욱 교수의 한국 교회, 이렇게 변해야 산다 / 건강한 교회와 올바른 신앙을 세우는 실천적 제언』 (경기도: 큐리오스북스, 2018), 49-50.
63 박영선, 『하나님의 설복, 로마서 강해』 (서울: 크리스챤서적, 1999), 76.
64 기니스, 『소명』, 홍병룡 역 (서울: 한국기독학생회출판부, 2002), 35.
65 마사 누스바움 · 솔 레브모어, 『지혜롭게 나이 든다는 것』, 209.
66 그륀, 『황혼의 미학』, 45.

그러므로 노년에 있는 사람들의 이러한 위험이나 어려움에서 어떻게 도울 수 있는가?

여러 상황으로 인하여 학습된 무기력에서 어떻게 탈출할 수 있는가?

또한, 깊어진 갈등의 문제를 어떻게 도울 수 있는지, 제자도 강화 연구를 통해 해결을 도모하고 부흥의 역사에 기여하게 하고자 한다.

늙음에 대한 성찰은 삶에 대한 성찰이다.[67] 노인의 삶은 물처럼 흘러야 한다. 자신을 위해 그리고 다른 사람들을 위해서 삶이 축복의 통로로 생명이 흐를 때 열매 맺는 것이다.[68] 요엘 2:28에서, 하나님이 영을 만민에게 부어 주리니 너희 늙은이는 꿈을 꿀 것이라고 말씀한 약속대로 삶을 통해 영적 비전을 제시할 수 있는 생명이 흐르도록 기도해야 한다. 어떤 상황에서도 기도드릴 수 있다는 것은 기도하는 자신을 평생 인도하시는 성령의 능동적 임재가 된다.[69]

그러므로 기도하는 사람은 영의 생명이 흐르는 삶에 대하여 꿈을 꾼다. 노년의 때에 새로운 소망의 다짐으로 제자의 삶을 살아 보리라, 해 내리라 하는 마음이 일어나기를 소망한다. 그러므로 이미 숙련된 부분을 세워 강화하고, 새롭게 해야 할 부분들을 새롭게 하여, 사랑의 모습(고전 13장)으로 연단 된 신앙으로 노년에도 여전히 결실하는 삶으로 서게 된다.

가족 가운데 노인이 있다면 그 가족은 보석을 가지고 있는 것이다. 아프리카에서는 "노인 한 사람이 죽으면 도서관 하나가 불에 타 없어지는 것과 같다."[70] 노인에 대한 신뢰와 존경이 귀하고 아름답게 드러나 있다. 그런데, 우리의 현실은 거꾸로 되어가고 있다. 현대 정보화 시대를 사는 젊은이들의 노인에 대한 시선이 옛날과 같지 않다. 젊은이들은 너무도 빠

67　Ibid., 14.
68　Ibid., 83.
69　나우웬, 『마음의 길』, 122.
70　이근후, 『나는 죽을 때까지 재미있게 살고 싶다』 (서울: ㈜웅진씽크북, 2019), 110.

르게 변하는 첨단기술, 과학, 의학, 정보 등과 같은 초일류사회에 시선이 빠져들고 있다.

청년들은 통상적인 독단론에 의해 새로운 사상과 의견을 탐구하려고 함으로써 근본적인 학문의 습득을 소홀히 하고 있다.[71] 그러므로 노인들에게서 배울 것이 별로 없다는 인식이 팽배하여 그 필요성을 느끼지 못하고 있다. 훌륭하게 늙는다는 것이 개인에게만 달려 있는 것은 아니다. 개인이 늙음을 받아들이고 늙음의 의미를 이해하는 것과 더불어 사회의 역할과 사회의 시각도 중요하다.[72]

노인은 침묵하면서 하나님이 자신의 노년에 거두리라 약속하신 열매를 맺는 법을 배워야 한다.[73] 노년이든 젊은이든 모든 그리스도인은 예수 그리스도를 믿고 따르며 배우는 제자인 것이 분명하다. 노년에 더욱더 그리스도의 부르심을 살피고 성경적 기도에 힘쓸 때 우리 시대에 소망하고 기대하는 부흥[74]을 앞당길 수 있다. 노년에 이르기까지 오랫동안 연마해 온 인격에 정체성과 소명 의식이 확립된 영적 보배로운 자산과, 젊고 활발한 패기 있는 젊은 세대가 연합되어야 한다.

그러므로 꿈꾸는 자가 오는 도다(창 37:19)라고 한 말씀과 하나님이 말씀하시기를 말세에 내가 내 영을 모든 육체에 부어 주리니 너의 자녀들은 예언할 것이요 너희 젊은이들은 환상을 보고 너희의 늙은이들은 꿈을 꾸리라(행 2:17) 한 말씀대로 내일에 대한 비전을 함께 세우며 복음의 부흥을 이루게 된다. 부흥은 하나님께서 우리(교회)에게 새로운 활력을 주시는 일이다. 부흥은 삶을 회복시키는 하나님의 역사이다. 성령의 역사를 따라 하나님과 영적으로 교제하는 삶이다. 부흥은 사회적. 집단적인 일로서 크

---

71 임마누엘 칸트, 『순수이성 비판』, 이명성 역 (서울: 홍신문화사, 2001), 31.
72 그륀, 『황혼의 미학』, 20
73 Ibid., 22.
74 제임스 패커, 『성령을 아는 지식』, 홍종락 역 (서울: 홍성사, 2002), 363.

고 작은 지역사회를 변화시킨다.[75]

이 시대에 노년층이 기하급수적으로 늘어나는 현상에 놀라거나 부담스러워하는 대신, 하나님께서 나이가 많은 사람들을 이 땅에 오래 머물게 하신 이유가 무엇인가를 찾고 예수 그리스도 주님 안에서 부르시는 하나님의 소명에 합당하게 순종함으로써 모든 세대가 연합되어 하나님이 주시는 부흥을 목격할 수 있다.

본 연구는 다음과 같은 구성으로 되어 있다.

제1장은 서론에서, 백세 시대를 맞았고, 고령화 시대로 나가고 있는 시점에서 노년의 제자도의 삶에 대한 연구의 근본 이유와 목적, 그리고 연구의 중요성을 제시한다.

제2장은, 인간의 삶의 토대가 되는 성경과 신학적 관점을 다루는데, 노년에 대한 정의와, 구약과 신약적 모범을 제시한다.

제3장은, 노년에 대한 이론적 기초로써 그동안 연구해 온 평가를 간략하게 살피고, 사역 방향을 제시한다.

사역 방향에서 중요 문제를 다루게 되는데, 노년에 들어서면 소명이 달라져야 되는지, 그렇다면 소명을 어떻게 확립해야 하고, 부르심에 대한 올바른 반응(순종)을 위해 구원에 대한 확신과 함께 자신이 누구인지에 대한 정체성 확립의 필요성과 소명을 받았을지라도 얽매이기 쉬운 내면의 쓴 뿌리 문제를 제거하는 일(내면의 치유는 논문이 끝난 후에 삽입하였으므로 4장과 5장에서 제외되었다)과, 그리고 제자도의 실제로서 기도-중보기도를 다룬다.

제3장에서 다루고자 하는 소제목들은 그 자체로 연구논문의 주제가 될 수 있는 것들이다. 그런데도 함께 다루는 이유는 노년의 열매 맺는 제

75　Ibid., 363.

자도의 삶을 올곧게 실천하며 완수하기 위해서는 종합적 교육과 훈련이 필요하기 때문이다. 그러므로 각각의 소제목들을 핵심적으로 간략하게 논술한다.

제4장은, 양적·질적 연구 방법을 종합한 혼합적 연구 방법을 통해 연구 방향으로 제시한 다섯 개의 섹션을 집중 교육할 방안을 제시한다. 집중 교육은 설문 조사 질문과 인터뷰 질문을 함께하면서 강의안을 가지고 8~12주간에 걸쳐 진행한다.

제5장은, 프로젝트의 결과에 대해 비교 분석하여 결과를 측정하고, 그리고 결론을 서술한다.

3. 문제 진술 및 연구 질문

1) 문제 진술

연구하고자 하는 문제는 다음과 같다. '덴버포에버선교회'의 사역을 통해 노년기 사람들이 하나님 나라의 가치를 받아들여 무기력을 떨쳐 버리고 다른 사람들을 위해 기도하는 마음과 예수님의 사랑으로 이웃에게 다가가 영적 생명의 교제를 이루는 제자의 삶을 실천하는 것이다.

그러므로 다음 세대나 사회에 짐이 되는 존재가 아니라 영적 유산을 흘려보내는 축복의 통로가 되는 사람으로 세우기 위해 제자도를 강화하는 것이다. 구원의 확신과 정체성 확립, 소명 의식과 기도-중보, 내적 치유, 기도-중보기도를 교육하고 훈련하는 것은 현대인의 가치의 혼란에 대처하는 삶의 방식을 포함한다. 여기서 내적 치유는 논문이 완성된 후에 삽입하였으므로 프로젝트와 결론에서 빠졌음을 알리는 바이다.

노년을 향한 그리스도의 마음은 무엇인가?

노년기의 사람들이 제자도의 삶을 실행하지 못하고 있거나, 포기하고 있는 것이라면 그리스도께서 어떻게 바라보실까?

교육과 훈련의 과정은 노년의 제자의 삶을 이해하고 실천하는 도움과 힘이 되도록 설계되었다. 현대인들은 자기를 왕자에 올려놓기를 좋아한다. 많은 그리스도인도 마찬가지다. 이 여파는 세속 문화의 부추김에 의한 것이다(계 14:8 참고). 2차 대전 이래, 우리는 문화적으로 갈수록 개인 자아의 중요성과 능력이 강화되는 시대로 진입하고 있다.[76] 이것이 자기의 정체성이라 생각하는 노인들은 포근한 대화보다는 갈등을 조장할 확률이 높다. 노년의 의미에 대해 생각해 보자. 나이 든 사람이 노년의 의미를 알지 못한다면 앙심 가득한 마음으로 젊은 사람들을 볼 것이다.[77] 우리 자신을 인식하고 하나님과 깊은 소통이 이루어지는 기도가 있을 때 영원한 스승인 그리스도 예수께서 올곧은 제자의 길로 인도하신다.

모세가 나는 누구이기에(출 3:11참고)라고 하나님께 질문했다. 그 질문은 21세기를 사는 우리가 겪고 있는 정체성의 위기[78]를 맞고 있는 시점에서 다시 해야 할 질문이다. 이 세상에 완전한 상태로 오는 사람은 아무도 없고, 스스로 자신을 창조할 수 있는 지혜와 힘을 가진 사람도 없다. 오히려 우리는 외부 세계에 반응하면서 성장하고 성숙해 간다.[79]

이 과정에서 그리스도인들이라면 나는 누구인가에 관한 질문이 있어야 한다. 특별히 노년에 들어선 시점에서는 내가 예수 그리스도의 제자로서 어떤 책임감이 있을지에 관해 질문을 해야 한다. 현대인의 물질관과 합리적인 인본주의가 예수 그리스도의 형상을 닮지 못하도록 영적 전쟁을 벌이게 하는 문제가 있음을 인식한다. 모세가 인생 후반에서 하나님께 드

---

76 팀 켈러, 『팀 켈러의 설교』, 채경락 역 (서울: 두란노서원, 2017), 165.
77 그륀, 『황혼의 미학』, 윤선아 역 (경북: 분도출판사, 2013), 15.
78 기니스, 『소명』, 36.
79 Ibid., 33.

렸던 질문은 백성을 어두운 죄악에서 이끌어 내고 새롭게 살리는 시작이라는 것을 분명하게 알고 상기하고자 하는 일이었다. 어느 시대나 진정한 부흥과 분별력과 이성과 현명한 조언들은 노인들의 몫이다. 노인들이 없다면 국가도 존재할 수 없다.[80]

지성주의와 인공지능의 첨단 시대를 살아가는 시점에서 노년에 있는 영적인 사람들의 기도의 필요성과 그 중요성에 대해 인식하게 하며, 교육하고 훈련함으로 하나님 나라 영광을 위한 제자도의 삶이 노년에는 왜 실천되지 못하는지에 대한 문제점을 이해하고 해결하려고 한다.

2) 연구 질문

노인을 대상으로 구원의 확신, 정체성 확립, 소명 의식, 그리고 기도-중보기도에 대해 8주에서 12주 교육을 한다면 얼마만큼 제자도를 이해하고 노년에도 제자의 삶을 실천할 수 있을까?
그러므로 하나님 나라의 가치를 마음에 품고 예수님처럼 기도하면서 다른 사람을 사랑하고 그들에게 다가갈 수 있을까?
기도의 삶을 실행하며 열매 맺는 삶이 되어 남은 여생을 자녀나 사회에 부담이 되는 것이 아니라 오히려 영적으로 경험적으로 아름다운 유산을 물려주는 축복의 통로가 될 수 있나?

3) 가정 혹은 전제

'덴버포에버선교회' 차원의 사역을 통해 노년의 사람들이 제자도의 삶을 강화함으로써 계속해서 열매 맺으며 활기찬 삶으로 자세가 바뀐

---

[80] 키케로, 『노년에 관하여』, 78.

다. 구원의 확신을 인하여 정체성이 확립되어 적극적으로 복음의 소명을 따라 기도-중보기도 하는 삶의 열매로 축복의 통로가 되는 꿈을 꾼다 (요엘 2:28). 이를 위해 구원의 확신, 정체성 확립, 소명 의식 정립, 기도-중보기도에 대하여 새롭게 세워야 할 점, 고쳐야 할 점, 더 온전하게 보강해야 할 점들을 찾아내고 실행하여, 실천적 제자도의 삶을 통해 다음 세대나 사회에 부담이 되는 사람이 아니라, 오히려 영적 유산을 물려주는 사람으로 축복의 통로가 된다.

노년에도 알아야 할 핵심적인 사실은 정신적으로 어려운 일을 지속하는 능력을 지녔다는 것이다. 정신은 신체같이, 팔이나 다리처럼, 지치지 않으며, 정신이 원하는 것은 잠자는 경우를 제외하고는 휴식이 아니라 변화이다.[81] 노년에도 정신을 활발하게 하는 훈련을 계속하면 계속 활기차게 생활할 수 있다. 깨어 있는 시간 내내 정신에 의미 있는 과제를 부여하는 것 곧 활력을 부여하는 방식으로 노년기 자유의 시간을 더욱 알차고 의미 있게 사용할 수 있다.[82]

노년에 있는 사람들이 "각 개인의 용기와 이타심이 없이는 어떤 제도도 제대로 작동될 수 없다는 사실을 깨닫지 못하는 한, 아무리 사회적, 경제적 개선책을 찾은들 다 뜬구름 잡는 일에 불과하다."[83] 스스로 일어서야 한다. 영이요 생명인 그리스도의 말씀에 의거하여 참된 제자로서의 삶에 대한 비전을 품고 실천할 수 있도록 동기가 부여된다.

---

81 칼 뉴포트, 『딥 워크 강렬한 몰입, 최고의 성과』, 박근섭. 박상준 역 (서울: 민음사, 2020), 200.
82 Ibid., 199-200.
83 C. S. 루이스, 『순전한 기독교』, 장경철, 이종태 역 (서울:홍성사, 2009), 125.

4. 개략적인 성경적·신학적 기초

성경을 보면 그리스도께서 자기 백성을 불러내어 제자의 삶으로 안내한다. 예를 들면, 구약성경에서는 아브라함, 모세 등을 불러내셨고, 신약에서는 제자들을 불러내셨다. 열매 맺는 삶을 통해 서로에게 사랑과 축복의 통로가 되게 하려는 것이다(요 15장). 하나님은 노년의 사람들도 예외 없이 불러내신다. 시편 92:12-15에 보면 의인은 늙어도 여전히 결실하며 진액이 풍족하고 빛이 청청하니 여호와에게는 불의가 없음이 선포될 것이라고 말씀되어 있다.

그리고 요한복음 15장 8절과 16절에서는 "열매를 맺으면 예수 그리스도의 제자가 되리라"고 말씀하면서 예수 그리스도의 이름으로 무엇을 구하든지 다 받게 하려 함이라 말씀한다. 계속해서 노년에도 열매 맺는 삶으로 나가는 것이 제자의 삶인 것을 밝혀 주며, 기도에 응답받는 삶을 통해 예수 그리스도의 새 계명인 "서로 사랑하라"(요 13:34)한 말씀대로 서로 사랑하는 축복의 통로가 된다.

존 칼빈은 그의 저서에서 인간 창조에 대하여 말하면서, 인간이 하나님의 모든 창조물 가운데서도 하나님의 의, 지혜, 선을 보여 주는 가장 고귀하고 가장 두드러진 표본일 뿐만 아니라, 우리 자신에 대한 인식이 없이는 하나님에 대한 명백하고 완전한 지식을 가질 수 없다고 말한다.[84] 성경을 통해 하나님을 알고 우리 자신을 아는 지식은 노년의 시기에 제자도의 삶으로 일어서며 올곧게 실행하는 기초가 된다.

84　존 칼빈, 『기독교 강요(상)』, 김종흡 외 3인 공역 (서울: 생명의말씀사, 1997), 286.

5. 개략적인 이론적 기초

누스바움과 레브모어는 고대의 사람 아리스토텔레스에 대해 다음과 같이 언급했다.

> 아리스토텔레스는 노인들이 자신의 과거에 대해 이야기하는 걸 좋아한다고 주장했다. 하지만 그가 노인들이 자기를 이해하기 위해 과거를 연구한다고 생각한 흔적은 없다.[85]

BC 45년에 키케로는 노년에 관하여 라는 대화 형식의 책을 저술을 했었지만 노인의 자기 이해라든지, 노년의 삶이라든지 등에 관한 깊은 연구는 아니었다.

노인에 대하여 사회적 이슈가 되고, 노년에 관한 연구가 활발해지고 있는 이유는 다음과 같다. 신생아의 출산은 감소하는데 노년의 인구는 늘어나면서 고령화 시대로 빠르게 진입하고 있다는 것 때문이다. 또한, 노인들이 100세 시대를 인하여 사회와 젊은 세대에 재정적 부담과 함께 돌봄에 대한 논의가 시작된 데서부터이다.

1) 노년에 겪는 문제들

나이 든 사람은 과거를 돌아보는 일에 많은 시간을 쓰는 한편 후회, 죄책감, 과거에 대한 만족감, 그리고 당연하게도 과거에 대한 분노 같은 회고적 감정에 그만큼 많은 시간을 투입한다.[86]

---

85 누스바움 · 레브모어, 『지혜롭게 나이 든다는 것』, 145.
86 Ibid., 143.

여기에서 노인들에 대한 사회적 인식을 엿볼 때 긍정적이기보다는 상당히 부정적이다. 키케로는 그의 책에서 노년이 비참해 보이는 네 가지 이유를 말한다.

> 첫째, 노년은 우리를 활동할 수 없게 만든다.
> 둘째, 노년은 우리 몸을 허약하게 한다.
> 셋째, 노년은 우리에게서 거의 모든 쾌락을 앗아간다.
> 넷째, 노년은 죽음에서 멀리 떨어져 있지 않다.[87]

또 다른 문제는, "민속 문화의 가장 광범위한 형태 중 하나는 설화인데" 이런 이야기들은 보통 '신화'라고 한다. 신화는 사물의 본질, 특히 인간의 본질과 조상이나 신, 영들과 맺고 있는 관계에 대한 근본적인 신념을 담고 있다."[88] 노년에는 더욱 이러한 문화적 산물인 신념에 대한 문제를 방치하여 교육과 훈련이 제대로 이루어지지 않으면 자신들의 옛 신념과 "기독교의 가르침과 혼합 되어 기독교적 신념과 비기독교적 신념의 혼합주의적 결합인 기독교적 이교주의(Christo-paganism)을 형성하게 된다."[89]

기독교적 이교주의에 빠져 있으면 영생을 얻는 구원이 어려워지고, 샤머니즘적인 기도에서 벗어나지 못한다.

> 사람들은 어떤 문화에 속해 있든지 기도를 드린다.[90]

---

87 키케로, 『노년에 관하여』, 29.
88 폴 히버트, 『선교와 문화인류학』, 김동화 외 3인 역 (서울: 죠이선교회출판부, 1996), 249.
89 Ibid., 262.
90 Ibid., 248.

나라별로 각기 다른 형태로 기도를 한다. 그리고 나라 안에서도 부족 별로 즉, 문화 별로 다르기는 하지만 기도를 한다. 이러한 민속 문화적 신념의 상태에 빠져 있는 노년의 사람들을 구원과 복된 기도의 삶으로 인도하기 위해서 믿음의 본질이 무엇인지를 확인하고, 그것을 회복하기 위해 최선의 노력을 기울여야 한다.

한국 교회 안에는 무턱대고 믿는 풍조, 의심 없이 맹종하는 풍조, 질문과 검토 없이 무조건 다른 사람, 특히 소위 지도자라고 하는 사람들의 말을 무작정 따라 하는 풍조가 만연되어 있다.[91] 노년에 신속하게 개혁되지 않으면 제자도의 삶을 올곧게 이행할 수 없는 현실적인 문제가 있다.

6. 개략적인 연구 설계

노년기 그리스도인들이 제자의 삶을 이해하고 강화하여 지속적으로 실천함으로 하나님께는 영광이 되고 사회나 다음 세대에는 축복의 통로가 된다. 이를 뒷받침할 구원의 확신, 정체성 확립, 소명 의식, 그리고 기도-중보기도에 대하여 8주간 집중적으로 교육할 수 있도록 설계되었다. 왜냐하면, 네 가지 부분이 노년의 제자도를 올곧게 실행하는 삶에 핵심적 요소이기 때문이다. 집중 교육은 일회 1시간씩 8회로 하며, 두 그룹으로 나눠 진행하도록 설계되었다.

제1그룹은 평균 87세인 고령층이며, 제2그룹은 평균 65세로 비교적 젊은 노년층이다. 연구 방법은 양적 질적 방법을 혼합한 종합방법으로 하였다. 연구 목적은 노년의 사람들이 하나님의 영광을 품고, 신실한 하나님의 사랑으로 다른 사람을 위해 기도하며, 다가가며, 예수님처럼 사랑할

---

91 정성욱, 『한국 교회, 이렇게 변해야 산다』, 154.

수 있는 제자가 되어 축복의 통로가 된다. 향상되었는가에 대한 측정은 1차와 2차의 설문조사 질문들과 인터뷰 질문들을 분석하고 계속되는 통찰적 관계를 통해 하였다.

7. 결과와 요점

본 연구는 노년의 결실하는 삶을 위한 제자도 강화로 다섯 개의 섹션에서 20개의 설문조사 질문과 5개의 인터뷰 질문으로 설계되었고, 프로젝트는 본 연구자가 작성한 강의안을 가지고 8회에 걸쳐 실시하였다.

제1그룹인 고령층의 참여자들은 사전 조사에서 모든 질문 자체에 대해서 응답하려는 자세보다는 설명을 듣기를 원하는 자세였다. 또한, 사후 조사에서도 이해도가 높지 않은 것으로 나타났다. 반면에 비교적 젊은 노년층 참여자들의 사후 조사에서 이해도가 상당히 높게 나타났다.

고령층과 노년층의 차이가 선명하게 나타나는데 앞으로의 사역을 위해 요인을 세밀하게 분석할 필요가 있으며, 고령층에 대한 교육 계획을 세밀하게 세워 반복적으로 교육하고 훈련할 필요가 있는 것으로 분석되었다.

제2장

성경적·신학적 기초

1. 서론

   일단 믿어 그리스도인이 되었다 해서 그것으로 복음의 메시지가 끝났다는 생각은 금물이다.[1] 달라스 윌라드는 잘못된 신학은 그리스도 안에 있는 생명에서 오는 영성의 가망성을 깨끗이 죽이기 때문에 교회를 잘못 이해하는 것을 경계해야 한다면서 "그리스도 안의 삶과 성경적인 영성은 그리스도께 순종하는 것과 직결된다"[2]라고 말한다. 노년에 성경적이고 신학적인 제자도의 기초를 점검하고 세우는 일은 열매가 계속되는 제자도의 삶에 있어서 중요한 일이다.

   제자도는 예수께서 그러셨던 것처럼, 지금 하나님 나라 안에서 살아가는 법을 예수 그리스도께 배우는 삶이다.[3] 예수님께서 말씀하시되 나를 따라오라 하시고, 따르는 사람들을 가르치며, 전파하고, 치유하면서 제자의 삶을 살아갈 수 있게 하며(마 4:17-11:1), 끝까지 인내로써 경주하게 한다(히 12:1-2).

---

1 팀 켈러,『탕부 하나님』, 윤종석 역 (서울: 두란노서원, 2016), 163.
2 달라스 윌라드,『잊혀진 제자도』, 84.
3 Ibid., 98.

우리 사회는 그리스도의 사랑을 뿜어내는 공동체가 아니라 위험한 지배와 조종의 네트워크다. 자칫 우리는 그 속에 휘말려 영혼을 잃어버리기 쉽다.[4] 고린도전서 말씀에 따르면 유혹이란 모든 사람에게 있는 일반적인 것이다. 어떤 사람은 영적인 사람은 유혹을 받지 않는다고 생각한다.

그러나 모든 사람이 다 유혹을 받는다.[5] 유혹은 마음에 받는 것이다. 노년에는 더욱 그럴 수 있다. 마음(Heart)이란 이 몸에 피를 보내는 펌프기관인 심장이 아니라, 우리 삶을 형성하는 동기와 목적, 태도, 욕구, 관심사의 근원인 인간의 중심부를 말한다.[6] 세상으로부터 무릇 지킬 만한 것 중에 더욱 자기 마음을 지켜야 한다(잠 4:23).

1) 노년의 제자도로서의 기초

시편 92:12-15와 요한복음 15장을 토대로 노년의 결실하는 삶을 위한 제자도를 강화하는 연구에 성경적 기초와 신학적 기초를 서술한다. 왜냐하면, 시편에서는 노년의 열매 맺는 삶의 전제 조건으로 '의인'이어야 한다고 말씀하고 있고, 요한복음에서는, 열매 맺는 제자의 삶을 말씀하면서, 열매가 항상 있게 하여 예수 그리스도의 이름으로 아버지께 무엇을 구하든지 다 받게 하려 한다고 말씀하고 있기 때문이다.

여기에서 의인으로서 노년에 열매 맺는 진액이 풍족한 삶과, 항상 있는 열매를 인하여 예수 그리스도의 제자 된 기도의 삶에 대한 토대를 확실하게 정립할 수 있기 때문이다.

---

4 헨리 나우웬, 『마음의 길』, 윤종석 역 (서울: 두란노서원, 2015), 28.
5 딘 셔만, 『모든 그리스도인을 위한 영적전쟁』, 이상신 역 (서울: 예수전도단, 1997), 182.
6 제임스 패커, 『당신을 향한 하나님의 계획』, 정옥배 역 (서울: 두란노, 2002), 208.

시편 92:12에서 말씀한 '의인'은 창세기 아브라함에게 그 정의를 찾을 수 있다. "아브람이 여호와를 믿으니 여호와께서 이를 그의 의로 여기시고"(창 15:6)라고 한 말씀에 있다. 이 말씀의 의미를 로마서 4:1-3에서 명확하게 설명한다. 아브라함이 행위로써 의롭다 하심을 받은 것이 아니고 그의 믿음으로 된 것임을 말한다. 그리스도를 믿는 믿음으로 말미암아 하나님의 은혜로 의인이라고 선포된 것이다.[7]

칭의를 간단히 설명해서, 하나님께서 우리를 의인으로 받아 주시며, 은혜를 베풀어 주시는 것이라고 한다. 또 칭의는 죄를 용서하는 것과 그리스도의 의를 우리에게 전가하는 것이라고 말한다.[8] 로마서 4:24에서, "의로 여기심을 받을 우리도 위함이니 곧 예수 우리 주를 죽은 자 가운데서 살리신 이를 믿는 자라"고 한다. 그리고 17-18절에서는, "아브라함이 믿은 바 하나님은 죽은 자를 살리시며 없는 것을 있는 것으로 부르시는 이시니라 아브라함이 바랄 수 없는 중에 바라고 믿었으니 이는 네 후손이 이같으리라 하신 말씀대로 많은 민족의 조상이 되게 하려 하심이라"고 하신 말씀대로 믿었다는 것이다.

여기서 "바랄 수 없는 중에 바라고 믿었으니"(18절)란 말의 헬라어 원문은 '소망을 거스려서 소망에서 믿었으니'라는 의미이다. 즉, 아브라함은 인간적이고 세속적인 생각(소망)을 초월하고 극복하여 하나님만 전적으로 신앙하는 마음으로 하늘의 신령한 소망을 가졌다는 의미이다.[9]

구원을 얻는 과정에서는 행위가 존재할 수 없지만 구원을 얻은 후에는 구원을 얻은 자가 마땅히 행해야 할 행위가 따르게 된다.[10]

---

7 엠 알 디한, 『율법이냐 은혜냐』, 이용화 역 (서울: 생명의말씀사, 1997), 100.
8 존 칼빈, 『기독교 강요(중)』, 김종흠 외 3인 공역 (서울: 생명의말씀사, 1998), 248.
9 천종수 편집위원, 『크로스 종합주석 18 로마서-고린도후서』 (서울: 시내, 1992), 92-93.
10 박영선, 『하나님의 설복 로마서 강해』 (서울: 크리스챤서적, 1991), 36.

이는 예수 그리스도의 분부한 모든 것을 지켜 따르는 제자로서 삶의 본분이다. 헬라인들은 인간의 노력으로만 탁월성을 성취하는 것으로 여긴 데 비해, 그리스도의 제자들은 하나님의 소명에 대한 반응으로서만 그것을 성취할 수 있다고 생각한다.[11]

그리고 로마서 4:24-25에서, 오늘 노년에 있는 사람들을 포함한 모든 그리스도인을 향하여 선포한다.

> 의로 여기심을 받을 우리도 위함이니 곧 예수 우리 주를 죽은 자 가운데서 살리신 이를 믿는 자니라. 예수는 우리가 범죄한 것 때문에 내줌이 되고 또한 우리를 의롭다 하시기 위하여 살아 나셨느니라(롬 4:24-25).

그러므로 의롭게 되는 것은 조화와 일치의 관계에서 하나님과의 관계가 올바르게 조화와 일치를 이룬 것을 말한다.[12] 이 사실을 믿음으로 의롭게 된 노년의 사람들이 이제 어떻게 살아야 하는지에 대하여 로마서 5장에서 11장까지 교리적으로 설명하며, 12장부터는 어떻게 살아야 하는가에 대하여 실천적으로 설명해 주고 있다. 이런 점에서 노년의 그리스도인들이 로마서 4-8장의 내용은 숙지할 필요가 있다.

마태복음 11:28-29를 보면, "수고하고 무거운 짐 진 자들아 다 내게로 오라 내가 너희를 쉬게 하리라 나는 마음이 온유하고 겸손하니 나의 멍에를 메고 내게 배우라 그리하면 너희 마음이 쉼을 얻으리니"라고 말씀한다. 이 말씀은 나를 따라오라(마 4:19)한 예수님의 말씀대로 따르는 사람들을 향하여 준 격려의 말씀이다.

---

11 오스 기니스, 『소명 인생의 목적을 발견하고 성취하는 길』, 홍병룡 역 (서울: 한국기독학생회출판부, 2002), 139.
12 탐 마샬, 『깨어진 관계의 회복』, 채두병 역 (서울: 예수전도단, 1995), 152.

예수님을 따르는 제자가 되는 길은 수동적이 아니라 능동적으로 행동할 것을 우리에게 요구한다.[13]

카일 아이들먼(Kyle Idleman)은 그의 책에서 예수님에 대하여 "군중인가 아니면 따르는 사람인가?(Fan or Follower?)"[14]를 강하게 질문하고 있다. 그는 책 전반에서 예수님에 대하여 군중이 되지 말고 예수님께 온전히 위탁하고 따르는 사람이 될 것을 말한다.

복음서 말씀에서 보면, 많은 사람이 예수님을 환호는 하였지만 믿고 따르는 사람들이 아니라 군중(Fan)에 불과했다는 것을 말한다. 요한복음에 보면, 예수님이 제자들에게 물으신다.

> 그때부터 그의 제자 중에서 많은 사람이 떠나가고 다시 그와 함께 다니지 아니하더라 예수께서 열두 제자에게 이르시되 너희도 가려느냐(요 6:66-67).

이때, 시몬 베드로가 이렇게 대답한다.

> 주여 영생의 말씀이 주께 있사오니 우리가 누구에게로 가오리이까 우리가 주는 하나님의 거룩하신 자이신 줄 믿고 알았사옵나이다(요 6:68-69).

여기에서, "거룩하신에 해당하는 헬라어 '하기오스'는 '순결한', '존경할 만한', '하나님을 위해 바쳐진'이라는 의미를 지닌다.[15] 모든 사람이 믿고

---

13 Jeremy Ahn, *Redemptive Understanding of God's Genocidal Commands to the Israelites: Helping Christians Overcome Negative Images of God Stemming from God's Genocidal Commands in the Old Testament* (D. Min. Thesis, Denver Seminary of Littleton, CO, 2020), 20.

14 Kyle Idleman, *Not a Fan, Becoming a Completely committed Follower of Jesus* (Grand Rapids, MI: Zondervan, 2011), 17.

15 천종수 편집위원, 『크로스 종합주석 16 요한복음』, 128.

따라야 할 분이라는 것이다. 제자가 된다는 것은 돌발적으로 된 것이 아니라, 선택과 함께 시작되는 것이며 심령의 생동적이고 의지적인 진행을 따라 된다.[16]

노년에 접어들었을 때, 나는 할 수 없다고 생각되는 때, 더욱 예수님을 믿음으로 의지하고 따르며, 예수님의 멍에를 메고 배우겠다는 선택적 자세가 필요하다.

사실상 신자는 그의 구원이 실제로는 멍에의 교체를 의미한다는 사실을 받아들여야만 한다. 그가 한때 죄에 종살이하였던 것과 똑같이 이제 그는 실질적인 의의 삶을 위해 헌신하게 된다.[17] 자급자족이 어려운 노인이 아니라면 보살핌을 받기 전에, 곧 곤고한 날이 이르기 전에, 나는 아무 낙이 없다고 할 해들이 가깝기 전에(전 12:1), 제자의 삶을 위해 헌신하는 것이 성경적이요 신학적 관점이다.

"우리가 성령의 인도하심을 따라 능력으로 예수님을 따르기로 헌신했다면, 그분이 우리 삶 전체의 성격을 결정하도록 해야 한다는 것이"[18] 멍에의 교체의 의미이고 공적 참여자의 삶이다.

요한복음 15장은 열매 맺음과 제자도의 삶을 연관 지어 말씀한다. 우리를 제자의 삶으로 부르시고 서로 사랑하게 하려는 것이다. 헨리 나우웬은 "하나님은 당신을 제자로 부르신다"[19]라고 강하게 말한다. 열매 맺는 제자의 삶은 기도가 동반되어야 한다.

열매 맺는 기도란 그리스도의 말씀이 마음속에서 통제하는 기도인 것이다.[20] 절박한 필요성을 가지고 기도하는 것은 강한 능력을 행사하는데

---

16 Ahn, *Redemptive Understanding of God's Genocidal Commands to the Israelites*, 20.
17 개벨라인 · 더글라스 편집, 『엑스포지터스 성경 연구주석 로마서』 (서울: 기독지혜사, 1987), 119.
18 볼프 · 매커널리린츠, 『행동하는 기독교』, 27.
19 나우웬, 『예수님의 이름으로』, 4.
20 천종수 편집위원, 『크로스 종합주석 16 요한복음』 (서울: 시내, 1991), 319.

이러한 기도는 위대한 일을 성취한다.[21] 열매 맺음에 대한 경험은 기도의 중요성을 알게 하고 제자도의 삶을 한층 더 강화해 준다.

팀 켈러는 기도에 대해 이렇게 말한다.

> 기도를 알려거든 성경을 펼쳐라 … 성경은 시종일관 하나님을 말한다. 기도와 관련한 이야기가 갈피갈피 골고루 스며들어 있는 까닭이 거기에 있다. 기도가 위대한 것은 곧 인간의 삶 가운데 미치는 하나님의 손길과 영광이 크고 넓다는 말과 다르지 않다. 성경은 일관되게 이 진리를 증언하는 길고 긴 간증이다.[22]

존 맥스웰은 이에 대해 말한다.

> 기도란 하나님과 대화하는 것으로 당신의 사랑을 표현하며, 생활 가운데 일어나는 크고 작은 모든 것에 관해 하나님께 이야기하고 또 하나님께서 들어 주신다는 것을 확신하는 것이다.[23]

열매 맺음에 대한 인식이 영적이어야 한다.

하나님의 영은 모든 사역에 역동적이어서, 하나님의 경영을 효과적으로 이루실 것인데, 우리 인간의 성공의 역량이나 인간의 표준을 따를 필요가 없는 것이다.[24] 노년일수록 예수 그리스도 안에 거한다는 것의 중요성 유념해야 한다.

노년의 때에 약함을 열매 맺을 기회로 볼 수 있는가?

---

21 알 에이 토레이, 『기도와 영력』, 임성택 역 (서울: 생명의말씀사, 1993), 33.
22 켈러, 『팀 켈러의 기도』, 48.
23 존 맥스웰, 『기도의 동역자』, 정인홍 역 (서울: 디모데, 1999), 34.
24 Ahn, *Redemptive Understanding of God's Genocidal Commands to the Israelites*, 63.

영적인 삶에서 풍성한 열매를 맺는다는 것은 사랑에 대한 것이고, 이런 열매 맺음이 성공이나 생산성과는 전혀 다른 것이다. 열매가 항상 연약함의 결과라는 사실은 흥미롭다.[25]

거룩함에 이르는 열매를 맺는다는 것은(롬 6:22) '하나님께 종이 된 결과'일 수밖에 없는 것이다.[26]

2) 노년에 어떤 삶을 살아야 하는가?

의롭다고 인정받기 위해 온갖 인간적인 노력을 다 기울여야 하는가? 아니면 이미 의롭다고 인정받았기 때문에 실제로 거룩한 삶을 영위하고 또 이를 지키기 위해 날마다 경건에 힘쓰고 있는가?[27]

이를 질문해야 한다. 우리가 그리스도를 믿는 것은 더 힘써서 노력한다는 것이 아니다. 믿음은 신뢰의 대상을 나 자신으로부터 하나님께로 옮기는 일이다.[28]

열매에 대해 요한복음 15:16과 함께 볼 때, 거룩함에 이른 자, 시편 92편에서 말씀한 의인, 의 기도는 하나님을 기쁘게 할 뿐만 아니라 하나님이 기뻐하는 열매를 맺게 된다. 그러므로 시편 92:12-15과 요한복음 15장은 노년의 결실하기 위한 제자도의 삶을 강화하는 일에 성경적이고 신학적인 든든한 기초가 된다.

준비되지 않은 상태에서 자연스럽게 노인이 되었을 때[29] 주위에 있는 다른 사람들이 자신을 노인이라고 부르거나 노인 취급을 하기 전에는 노

---

25 헨리 나우웬, 『영성에의 길』, 김명희 역 (서울: 한국기독학생회출판부, 2002), 108.
26 천종수 편집위원, 『크로스 종합주석 18 로마서-고린도후서』, 116.
27 Ibid., 324.
28 켈러, 『팀 켈러의 센터처치』, 71.
29 키케로, 『노년에 관하여 우정에 관하여』, 50.

인이라는 의식이 별로 없다. 그런데도 나이가 들면 우리 자신에 대한 생각이 달라진다.[30] 노인에 대한 성찰적인 사람을 제외하고는 거의 모든 사람들이 노년에 대한 이해가 부족한 상태에서 살고 있는 실정이다.

"과거를 회상하다 보면 때때로 후회가 밀려온다"[31]라는 말처럼 노년에 대한 준비가 없으면 회한에 빠져들기 쉽고, 깊어지면 무력감이 엄습하게 된다. 예수 그리스도를 믿음으로써 구원을 확실하게 받았는지에 대해서도 잘 모른 채로 살아간다면 하나님과 관계없이 사는 삶이고, 이제껏 수고한 모든 것이 헛되어 바람을 잡는 것이며, 해 아래에서 무익한 것이다(전 2:11). 그런데도 의외로 많은 사람이 나이 듦에 대한 부정적인 낙인은 나이와 무관하게 그들의 내면에 뿌리를 박고 있다.[32]

예수 그리스도를 믿음으로 구원받았다고 하는 다수의 노인이 노년에 대한 하나님의 계획에 대해 무관심한 채로 무의미한 삶을 살아가고 있다. 사역 속에서 대화(인터뷰)를 통해 알 수 있었던 것은 이런 것이었다.

"내가 이렇게 늙어 아무짝에도 쓸모가 없어졌는데 하나님께서 나 같은 자를 통해 무슨 일을 하실 수 있겠는가?"

노화가 특정 활동을 중단시키기는 하지만 정성 들여 활력을 유지해 온 사람의 정신에는 유해한 영향을 미치지 않는다.[33] "우리는 하나님의 사랑받는 자녀로 이 세상에 보냄을 받았다"[34]는 것을 아는 사람들은 자신이 어떤 존재인지 안다. 궁극적으로 어디로 가고 있는지를 안다. 예수 그리스도와 함께 고난받는 일까지도 마다하지 않고 해야할 일을 한다.

---

30 누스바움·레브모어, 『지혜롭게 나이 든다는 것』, 102.
31 Ibid., 15.
32 Ibid., 135.
33 마르크 오제, 『나이 없는 시간』 (서울: 플레이타임, 2019), 22.
34 나우웬, 『영성에의 길』, 105.

창세기에서 요한계시록까지 성경이 특히 확신하는 것은 혼란스러워 보이는 세상 모든 것의 배우에 하나님의 섭리가 있다. 그 계획은 예수 그리스도의 화목케 하심으로 사람을 온전케 하고 세상을 회복하는 것과 관련이 있다. 하나님은 이런 목적을 염두에 두고 인간사를 주관하신다. 인간 역사는 하나님의 목적들이 성취되는 과정의 기록이다.[35]

노년을 성경과 신학적 관점으로 이끌어야 할 이유는 무엇일까?

사회의 주변을 돌아보면 많은 노인이 미처 준비가 안 된 상태에서 노년의 시기를 맞이하고 있다. 노년에 대한 수수께끼를 깊이 성찰하는 책을 찾아보기가 어려워서 인지도 모를 일이다.[36] 신앙을 가진 노인들이 세상적인 노화 문화에 이끌린다면 나이 듦에 대한 부정적인 인식과 태도에 사로잡혀 노년의 의미 있고 기쁨이 있는 삶을 경험하지 못하게 된다. 그렇게 되면 인간이 하나님의 모든 창조물 가운데서 하나님의 의, 지혜, 선을 보여 주는 가장 고귀하고 가장 두드러진 표본이라는 것을 알 수 없다. 또한, 우리 자신에 대한 인식이 없기 때문에 하나님에 대한 명백하고 완전한 지식을 가질 수 없다.[37]

웨인 그루뎀은 그의 책 『기독교 윤리학』 서문에서 이렇게 말한다.

> 이 책 전체가 초대장, 곧 날마다 순종의 길을 걷고 하나님의 임재가 주는 기쁨을 더 알아가며 삶에서 하나님의 사랑을 경험하는 데서 오는 하나님의 큰 복을 체험하라는 초대장이다.[38]

---

35 제임스 패커, 『당신을 향한 하나님의 계획』, 정옥배 역 (서울: 두란노, 2002), 27.
36 누스바움・레브모어, 『지혜롭게 나이 든다는 것』, 11.
37 존 칼빈, 『기독교 강요(상)』, 286.
38 웨인 그루뎀, 『기독교 윤리학(상)』, 전의우 역 (서울: 부흥과개혁사, 2020), 34.

노년에 순종의 길을 걸으면서 하나님의 임재가 주는 기쁨과 사랑을 경험하는 여정을 위해 노년의 사람들을 성경적이고 신학적 측면에서 이끌어 주어야 한다. 그렇지 못하면 세속 사슬에 묶여 자기도 모는 사이에 허무한 세월을 보내게 된다.

노년에 나이 듦 속에 깃든 영적 의를 파악하고 제자의 삶을 완수할 수 있다는 자신감을 갖게 하는 것이 성경적이고 신학 관점이라는 사실을 인식해야 한다. 다른 사람들을 미래로 인도하는 가장 깊은 동기는 소망이다. 다급한 소망과 절박한 갈망 충족시키는 차원을 너머 더 멀리 바라볼 수 있게 하고, 인간 고통과 죽음까지도 넘어서서 바라보게 해주기 때문이다.[39]

늙는 것이 무엇인지 모르는 사람은 삶이 무엇인지 모르는 사람이다. 늙는다는 것은 나이와 함께 세월로 들어온다는 뜻이다.[40] 노인은 젊은이보다 육체노동에 덜 적합하지만, 그 대신 일을 운영하는 데는 당연히 더 유능하다.[41] 나이 듦을 영적 정체성이 더 선명해지고, 소명을 갱신하고, 영적 성장으로 나아가는데 촉진하는 환경으로 볼 수 있어야 한다. 반대로, 세상적인 노인 문화는 나이 들어가는 것을 부정적으로 바라보게 하며 노인들을 두려움과 우울함으로 이끌기 쉬운데, 이런 상황들을 사전에 차단하도록 돕는 것이 성경적 신학적 기초를 세워 주는 일이다.

3) 평생의 제자도

성경은 "너는 배우고 확신한 일에 거하라"(딤후 3:14)고 명한다. 배움은 예수 그리스도 안에서 배운다는 것을 말씀하고(엡 4:20-21), 삶에 적용하는 면에서 그리스도께서 사랑하신 것 같이 사랑 가운데서 행하는 제자의 삶

---

39 헨리 나우웬, 『상처 입은 치유자』, 최원준 역 (서울: 두란노서원, 2002), 105.
40 그륀, 『황혼의 미학』, 14.
41 오제, 『나이 없는 시간』, 23.

을 말씀한다(엡 5:1-2). 제자의 삶은 평생 되는 일로서 성경이 제자도의 절대적 중심이 된다.⁴² 요한복음 5:39에서 성경이 예수 그리스도에 대하여 증언하는 것이라 말씀한다.

요한복음 8:31-32에서는 이렇게 말씀한다.

> … 너희가 내 말에 거하면 참으로 내 제자가 되고 진리를 알지니 진리가 너희를 자유롭게 하리라(요 8:31-32).

많은 사람이 인생은 평생 배우는 것이라고 말한다. 평생학습은 학교와 학교 밖에서 배우게 되는 모든 학습을 포함하여 그 폭을 넓게 보며 하는 말이다. 젊은 시절과는 다를 수밖에 없는 현재의 신체와 정신에 대한 끊임없는 자기 성찰의 끝에야 도달할 수 있는 것이 이상적인 노년이다.⁴³

그런데, 많은 노인이 생활 속에서의 학습에 대해서는 인식이 부족한 편이다. 성경적인 관점으로 노년을 볼 때 예수 그리스도의 부르심을 통해 평생 배우고, 연습하고, 믿음의 사람으로 세워지면서 제자의 삶을 완성하게 되는 것을 보여 준다.⁴⁴ 배움에 있어서 성경은 세대(연령)별로 차이가 있다는 것을 추론할 수 있게 한다(엡 4:13-15).

이승협이 그의 논문에서 노년을 생애 주기로 보는 데 있어서 성인 중기 혹은 성인 후기로 볼 수 있다는 점과 생애 경로에서 변화하는 사회와 삶의 관계, 인생의 시기, 타자와의 관계, 행위 자성(Agency)으로 구분하여 주목하고, 세대나 당시의 역사적 배경, 그리고 개인적 변수 등을 바탕으로 사람들의 삶을 설명한다.⁴⁵ 이로써 사람들의 삶을 보다 다양한 의미로 이

---

42 윌라드, 『하나님의 모략』, 373.
43 오제, 『나이 없는 시간』, 130.
44 윌라드, 390.
45 이승협, 『김종서 박사의 학문활동에 대한 생애사적 탐색』(석사학위논문, 서울대학교

해할 수 있는 가능성을 갖게 되는데, 노년을 위한 성경적 상담과 제자도의 삶을 위해 평생 학습에 도움을 준다.

제자의 삶은 리더십과 관계가 있다. 기독교 지도자는 성경 말씀 안에서 기도의 사람, 기도해야 하는 사람, 항상 기도하는 사람이어야 한다.[46] 성경과 신학적 관점에서 노년은 계속 배우기는 하지만 어떤 것을 경험하여 형성하는 시기가 아니고, 완숙한 영성과 지적 인격으로 다음 세대와 사회에 하나님의 영광을 나타내 주어야 하는 위치에 있다. 그러기 위해서 심리-사회적 발달이 아니라, 예수 그리스도를 중심으로 영적인 측면에서 배워야 된다는 점을 유의해야 한다.

계속 교육은 단기간 일시적으로 행해지는 특별행사로 그쳐서는 안 된다. 말 그대로 평생 계속되어야 하며, 체계적이면서도 일관성 있게 이루어져야 한다. 중요한 것은 그 계속 교육의 질과 탁월성이다.[47] 인생의 이 단계에서 어떠한 과제를 성취해 내고자 노력하는 일도 분명 노년의 영성에 속한다. 그러나 내가 이루어 내는 과제와 쌓아 올린 업적을 기준으로 나의 가치를 규정하려 해서는 안 된다.[48]

디모데후서 3:16-17은 말씀한다.

> 모든 성경은 하나님의 감동으로 된 것으로 교훈과 책망과 바르게 함과 의로 교육하기에 유익하니 이는 하나님의 사람으로 온전하게 하며 모든 선한 일을 행할 능력을 갖추게 하려 함이라(딤후 3:16-17).

대학원, 2013), 10.
46 나우웬, 『상처 입은 치유자』, 68.
47 정성욱, 『한국 교회, 이렇게 변해야 산다』, 207-208.
48 그륀, 『황혼의 미학』, 83.

성경이 아니고는 우리 인간의 마음에 어떤 것이 일어나고 있는지 깨닫지 못한다.[49] 그런데, 인간의 영혼에 대한 이해, 인간의 삶을 인간의 삶 되게 하는 것에 대한 이해가 없기 때문에 인간 자아에 대한 것들이 혼돈 속에 있다.[50]

순종은 권위를 만든다. 사람이 습관적으로 순종하는 것은 무엇이든 삶에 권위를 갖게 된다.[51] 예수 그리스도에게 바로 배우고 순종하는 사람은 성장하면서 얻어진 지식과 경험들이 종합되면서 청년의 때와 장년의 때 그리고 노년의 때에 나타내야 할 능력이 함유된 인격으로 서게 된다(엡 4:20-24). 이 관점에서 노년기의 삶은 발달 과정이 아니라 성숙된 인격을 통해 복음을 나타내 주며 전달해야 하는 권위와 축복의 위치에 있는 것이다.

복음은 다른 무엇이기 이전에 '전달적 선포'이다. 복음은 사랑의 삶을 창조하는 소식이다. … 그 소식은 우리가 무엇을 성취해야 한다는 것에 대한 것이 아니라, 무엇이 성취되었는가에 대한 것이다. 복음은 다른 무엇보다도 우리를 위해 성취하신 그리스도의 사역에 대한 소식이다.[52] 복음을 전달하고 표현하는 삶과 이 일이 축복의 권위가 되도록 기도하는 삶이 곧 노년의 제자도의 삶이다.

그리스도는 어제나 오늘이나 영원토록 동일 하시고 신실하신 하나님이시다. 변함도 없으시다(히 13:8; 약 1:17). 그리스도는 당신의 백성을 젊은 시절 사랑하신 그대로 노년에도 사랑하시고 아름다운 계획을 갖고 계셔서 우리의 필요를 따라 풍성하게 하신다. 우리가 이제 무엇인가를 줄 것을 가지고 있는 것 때문에, 귀한 것이 흘러가는 통로가 된 때 참된 존귀함을 얻게 된다.[53]

---

49 탐 마샬, 『자유케 된 자아』, 예수전도단 역 (서울: 예수전도단, 2002), 21.
50 윌라드, 『잊혀진 제자도』, 218.
51 마샬, 21.
52 켈러, 『센터처치』, 73.
53 마샬, 187.

낮은 자아상은 복음의 메시지를 전심으로 받아들이는 데 방해가 된다.[54] 노인에 대한 하나님의 관심은 젊은 세대보다 더 클 수 있다. 시편 92:12-15가 이 사실을 뒷받침하고 있다. 열매 맺는 노년으로써 다음 세대에 전하고 증언해 주어야 할 위치에 도달해 있다. 노년에 자신에 대한 하나님의 사랑과 계획을 아는 것은 제자도의 삶을 살아가는 데 필요적 중요성을 갖는다.

2. 노년에 대한 성경적 관점

존 칼빈은 인간이 하나님의 모든 창조물 가운데서도 하나님의 의, 지혜, 선을 보여 주는 가장 고귀하고 가장 두드러진 표본일 뿐만 아니라, 우리 자신에 대한 인식이 없이는 하나님에 대한 명백하고 완전한 지식을 가질 수 없다고 말했다.[55] 그에 의하면, 노년에 배우고 알아야 하는 중요한 것들이 있다.

첫째, 하나님께서 보편적인 법칙에 따라 피조물에 보여 주신 그 명백한 권능을 아무 생각 없이 잊어버리고 그냥 넘겨 버리지 않아야 한다.
둘째, 마음에 감동을 받을 정도로 그것을 자신에게 적용하기를 배운다면, 그는 하나님께서 천지의 창조주라는 것을 이해하는 참된 신앙을 가지고 있다[56]는 것에 대한 것이다.

---

54 패커, 『하나님의 계획』, 242.
55 존 칼빈, 『기독교 강요(상)』, 김종흡 외 3인 공역 (서울: 생명의말씀사, 1997), 286.
56 Ibid., 30

이제 우리는 말씀의 기초 위에서 기본적으로 옛 사람을 벗고 새 사람을 입기 위해 예수님이 하신 일들을 믿고 따르면 된다.[57] 창세기 1:26-28을 보면, 하나님이 사람을 창조하시고 "생육하고 번성하여 땅에 충만하라"는 말씀에 따라 노년이라는 개념을 추론해 보면 세월이 지나가면서 순차적으로 자녀를 낳고, 양육하는 부모로써 나이가 들어가고, 자연스럽게 노년에 접어든 영적이고 사회적 인격체라는 것임을 추론하게 된다.

인격이 무엇인지는 삼위일체 하나님의 속성에 비추어서 마침내 이해할 수 있다. 하나님은 영이시다. 그분은 인격적인 실체와 힘이시다.[58] 성경에서 인간의 연령별 구분은 어린아이, 청년, 나이 든 사람(아비), 그리고 늙은이(렘 6:11; 51:22; 요일 2:21-14)로 분류하고 있다. 나이 듦으로 노년이 되었을 때 "이 시점에서, 자신의 권리와 특권을 챙기는 마음이 전체적으로 스며들 수 있다."[59]

이 말은 인간 본분의 길에서 이탈할 수 있다는 것을 유념하고 조심하라는 것이다. '느슨한 정신은 악마의 작업실'이라는 말이 있다.[60] 정신을 팔면 순간적으로 잘못된 길에 빠질 수 있다. 시편 90:9-10에서는 젊음이 순식간에 지나가고 노년에 접어들며, 노년이 긴 것 같지만 평생이 순식간에 다 하였다는 것이며, 그 연수의 자랑은 신속히 가니 날아가는 것 같다고 표현한다.

전도서 3:2에서 날 때가 있고 죽을 때가 있으며 11절에서는 사람들에게는 "영원을 사모하는 마음을 주셨느니라"고 말씀한다. 전도서 12:13에서는 "일의 결국을 다 들었으니 하나님을 경외하고 그의 명령들을 지킬지어다. 이것이 모든 사람의 본분이니라" 함으로 노년의 본분이 무엇인가를

---

57 윌라드, 『하나님의 모략』, 469.
58 윌라드, 『제자도』, 79.
59 Ibid., 141.
60 칼 뉴포트, 『딥 워크 강렬한 몰입』, 최고의 성과, 김태운 역 (서울: 민음사, 2020), 81.

알게 한다. 노년의 제자도의 삶을 위해 스승의 삶을 살도록 요구받는다. 그다음에 점차로 다른 사람에게 자기의 삶을 가르치는 사람이다. 제자의 삶은 '생명'의 교류다. 배움은 듣는 것으로 되지 않고 순종함으로 된다.[61]

1) 구약성경

하나님이 생명을 만들었으며 그분만이 우리에게 인생의 의미를 말해 줄 수 있다. 따라서 삶의 의미를 깨달으려면 하나님에 대해 알아야 한다. 그리고 하나님에 대해 알고자 한다면 성경을 살펴보아야 한다.[62]

노년의 의미는 성경에서 어떻게 말씀하시나?

우리가 부분적으로 알 수 있다고 해도 성경 말씀 안에서의 지식은 참되고 진실한 지식이라는 사실[63]을 삶의 제일의 가치로 인식하고 있어야 한다. 구약성경에서 노인에 대한 중요한 여덟 가지 관점을 제시하려 한다.

첫 번째 관점은 구약성경에서 노인에 대한 의미(정의)를 어떻게 말씀하는가이다.

창세기 18:1에서 "나이가 많아 늙었고"의 문자적 의미는 '생명의 날들이 지나갔다'인데 이는 생식 능력의 때가 이미 지나가 버렸음을 강하게 시사하는 단어이다.[64] 노년이란 나이가 많아 늙어서 더 이상 출산할 수 없다는 것을 의미한다.

창세기 17:1에 보면 "아브람이 구십구 세 때에 여호와께서 아브람에게 나타나서 … 내가 내 언약을 나와 너 사이에 두어 …"라는 말씀을 주시는

61　오르티즈, 『제자입니까』, 123, 130.
62　패커, 『하나님의 계획』, 23.
63　벌코프, 『조직 신학 개론』, 54.
64　강병도 편집위원, 『호크마 종합주석 창세기』 (서울: 기독지혜사, 2001), 71.

당시에는, 창세기의 맥락에서 90세(사라)는 아주 많은 나이가 아니다(참조, 노아는 500세에 아버지가 됨[5:32]).[65] 현대인보다 훨씬 장수하는 시대였기 때문에 구십구 세의 아브람을 노인으로 볼 수 없다고 생각할 수 있다.

그러나 창세기 17:17에 보면, 아브람의 이름이 아브라함으로 바뀐 이후, 아브라함이 엎드려 웃으며 마음속으로 이르되 "백세 된 사람이 어찌 자식을 낳을까 사라는 구십 세니 어찌 출산하리요" 하였고, 18:11에서 아브라함과 사라는 나이가 많아 늙었고 사라에게 여성의 생리가 끊어졌다고 분명하게 노인임을 밝히고 있다. 12절에서도 "내가 노쇠하였고 내 주인도 늙었으니 내게 무슨 즐거움이 있으리요"라고 한 말씀으로 보아 아브람과 사라가 나이가 많아 늙어 노년에 있다는 것을 확인하게 된다.

그런데도 하나님을 앎으로써 사랑과 충성, 예배와 찬양, 신뢰와 충성으로 영원토록 영광을 돌리게 하는 것이 하나님의 불변하는 목적[66]인 것이다. 나이 많은 아브라함과 사라에게 하나님은 전능하신 하나님, 언약의 하나님, 그리고 성취하시는 하나님으로 알려지고 있다.[67]

창세기 27:1-2에 "이삭이 나이가 많아 … 이삭이 이르되 내가 이제 늙어 어느 날 죽을는지 알지 못하니"라고 한 이때 그의 나이를 추론해 보면, 대략 90세에서 100세 정도가 된다. 좀 더 길게 잡아도 130대 정도일 것이다.[68] 창세기 25:20에 보면, "이삭이 사십 세에 리브가를 만나 결혼했고,[69] 이삭이 에서를 불러 축복하게 하라"(창 27:1-4)고 말할 때는 쌍둥이였던 에서와 야곱이 아직 결혼하지 않은 것으로 보아 사십 세 이하라고 보면 이삭의 나이가 추론된다. 사라의 나이 들었음에 대해서 신약성경 히브리

---

65 고든 웬함, 『WBC 성경주석 창세기(하)』, 윤상문, 황수철 역 (서울: 솔로몬, 2006), 139.
66 패커, 『하나님의 계획』, 43.
67 머리, 『너희도 거룩하라』, 42.
68 천종수 편집위원, 『크로스 종합주석 1 창세기』, 369.
69 Ibid., 347.

서 11:11-12에서 보충 설명을 한다.

> 믿음으로 사라 자신도 나이가 많아 단산하였으나 잉태할 수 있는 힘을 얻었으니 이는 약속하신 이를 미쁘신 줄 앎이라. 이러므로 죽은 자와 같은 한 사람으로 말미암아 하늘의 허다한 별과 또 해변의 무수한 모래와 같이 많은 후손을 생육하였느니라(히 11:11-12).

여기에서 주목할 것은 다음의 세 가지다.

첫째, 사라의 나이가 많아 단산하였다는 것이다.
둘째, 노년에 있는 아브라함과 사라에 대한 하나님의 관심이다.
셋째, 그들의 믿음이다.

정녕 인간을 바라보고 세상을 향하던 그 눈길을 하늘의 여호와께로 향할 때 비로소 참 기쁨의 웃음을 웃을 것이다.
'여호와께 능치 못할 일이 있겠느냐?'
"모든 시대 모든 사람의 불신앙적 웃음에 대해 일침을 가하시는 살아 있는 여호와의 음성이다."[70]
노년의 의미가 나이가 많다는 것이지 무엇을 할 수 없다는 의미가 아니라는 것이다.
나이가 들어가면서 우리는 더 유능해지는가, 덜 유능해지는가?
영적인 사람이 되어가는가?[71]
이에 대한 관심을 분명하게 갖고 있어야 한다.

---

70 Ibid., 252.
71 누스바움. 레브모어,『지혜롭게 나이 든다는 것』, 9.

두 번째 관점은 노인을 향한 하나님의 마음은 변함이 없는 사랑이라는 것이다.

이사야 46:3-4에 보면, 나이 들어 늙어도 태어나면서부터 노년에 이르기까지 어린아이 같이 품에 앉고 인도하신다는 것을 알게 된다. 시편 92편의 말씀대로 늙어도 여전히 결실할 수 있도록 변함없는 은혜로 인도하시는 분이 여호와 하나님이시다. 그러므로 계속된 하나님의 사랑으로의 내면화와 복음의 생활화가 필요하다. 영속적 사랑은 복음을 더 깊이 이해하고 마음에 속속들이 배어들게 해야만 가능하다.[72]

세 번째 관점은 노인은 다음 세대에 하나님의 사랑을 전하고 가르치는 위치에 있다는 것이다.

오늘날 미국 문화의 전반적인 추세는 성경에 대한 무지가 팽배해 있다.[73] 이런 상황 속에 살고 있는 우리의 자녀들에게 진리의 말씀을 통해 사랑을 전하는 것은 큰 임무인 것이다. 사랑은 아가페적 의미의 사랑으로 감정이 아닌 의지의 상태로서, 우리 자신에 대해서는 자연적으로 가지고 있지만 이웃에 대해서는 배워서 익혀야 하는 것이다.[74]

신명기 6:5-7을 보면, 이렇게 엄중하게 말씀한다.

> 너는 마음을 다하고 뜻을 다하고 힘을 다하여 네 하나님 여호와를 사랑하라 오늘 내가 네게 명하는 이 말씀을 너는 마음에 새기고 네 자녀에게 부지런히 가르치며 집에 앉았을 때에든지 일어날 때에든지 이 말씀을 강론할 것이며(신 6:5-7).

---

72 켈러, 『탕부 하나님』, 162-164.
73 데이비스, 『묵상, 하나님과의 교통』, 35.
74 C. S. 루이스, 『순전한 기독교』, 장경철. 이종태 역 (서울:홍성사, 2009), 205.

가르치라는 것은 노년의 하나님에 대한 전적인 헌신과 사랑을 의미하는 것이며, 교육적 목적을 다시 한번 예증해 준다.[75]

> 어른의 권위가 무너짐에 따라 젊은이들은 더욱더 서로의 포로가 되고 있다. … 어른의 통제가 사라지면서 젊은이들 상호간의 통제가 강화되고 있다.[76]

노년으로서 축적된 진리와 사랑을 전달하고 가르치는 힘이 시급하게 회복되어야 할 때이다.

네 번째 관점은 노인은 다음 세대를 위한 축복권과 명하는 권이 있는 지도자이며 영적 리더의 지위에 있다는 것이다.

이삭이 아들 야곱에게 축복하고, 야곱이 자녀들에게 축복함과 같은 것이다. 창세기 27:1-31; 47:28-49:33에 보면, "야곱이 아들에게 명하기를 마치고"라고 말씀하며, 민수기 11:16의 말씀은, "여호와께서 모세에게 이르시되 이스라엘 노인 중에 네가 알기로 백성의 장로와 지도자가 될 만한 자 칠십 명을 모아 내게 데리고 와 회막에 이르러 거기서 너와 함께 서게 하라" 한다. 이 말씀에서 노인을 대하시는 하나님의 관심을 알게 된다. 노인 중에서 또 백성의 장로와 지도자를 뽑으라 말씀하는데, "장로는 나이 많고 덕망과 경륜을 갖춘 자이다."[77]

다섯 번째 관점은 노년에도 건강을 충분히 누릴 수 있다는 것이다.

출애굽기 말씀에 보면, "모세가 일백이십 세 때 눈이 흐리지 아니하였고 기력이 쇠하지 아니하였다" 함으로 노년에도 강건한 삶을 누릴 수 있다는 것을 보여 준다. 또한, 여호수아 14:10-14에 보면, 여분 네의 아들

---

75 두에인L. 크리스텐센, 『WBC 6 신명기(상) 1:1-21:9』, 정일오 역 (서울: 솔로몬, 2003), 365.
76 나우웬, 『상처 입은 치유자』, 48.
77 천종수 편집위원, 『크로스 종합주석 3 민수기-신명기』, 115.

갈렙이 팔십오 세가 되었음에도 강건하여 산지를 취할 정도였다. 이는 그가 이스라엘의 하나님 여호와를 온전히 좇았음의 결과임을 나타내고 있다.

그렇다고 우리는 건강을 위해 사는 것은 아니다. 연약함 가운데 강함이라는 긍정적인 믿음의 마음을 갖는 것은 큰 도전이다.[78] 성도는 영혼만 가지고 있는 것이 아니고 육체를 갖고 있기 때문에 영적 건강과 함께 육적 건강을 위해서도 기도하는 것은 결코 잘못된 것이 아니다.[79]

여섯 번째 관점은 봉양(공경) 받는 위치에 있다는 것이다.

룻기 4:15에서 "이는 … 네 노년의 봉양자라"고 한 이 말씀은, 에베소서 6:2의 "네 아버지와 어머니를 공경하라" 한 말씀과 함께 보는 것이 합당하다.

하나님께서는 부모에게 순종하는 것에 대해 이처럼 관심을 가지시는 것이 무엇일까?

그것은 곧 부모는, 이 지상에서 우리 인간이 하나님을 섬기는 하나의 예표적 존재요, 또 하나님의 통치를 가정 안에서 대신하는 위임자이기 때문이다.[80]

일곱 번째 관점은 노년의 아름다움이 있다는 것이다.

공의로 세워진 마음을 가리키는 것이다.

잠언 20:29에서는 이렇게 말씀한다.

> 젊은 자의 영화는 그의 힘이요 늙은 자의 아름다움은 백발이니라(잠 20:29).

성경은 젊은 자와 늙은 자로 구분하여 말씀하면서 노년의 아름다움은 백발이라 했는데, "백발은 영화의 면류관이라 공의로운 길에서 얻으리라"(잠 16:31)고 한다.

---

78 나우웬, 『영성에의 길』, 108.
79 천종수 편집위원, 『크로스 종합주석 20 히브리서-요한계시록』, 714.
80 천종수 편집위원, 『크로스 종합주석 19 갈라디아서-빌레몬』, 213.

그리고 여호와께서 노년에 이르러 백발이 되기까지 등에 업을 것이고 품에 안아 보호하겠다고 하신다(사 46:3-4). 노년기 영화의 면류관 곧 백발은 하나님의 선물이 아니고서는 이룰 수 없는 것으로써 노년의 마음이 공의로 세워진 아름다움을 말하는 것이다.

마음이란, 하나님이 우리와 함께 거하시며 신뢰, 소망, 사랑이라는 그분의 선물을 가져오시는 우리 존재의 중심을 뜻한다.[81] 고대 히브리인들은 '마음'을 양심의 좌소요 인격적 활동의 중심지이며, 인간 감정의 근거지로 보았다. 따라서 인간 삶의 다양한 인격적·도덕적 행위는 모두 마음에서 비롯되는 것으로 간주했다.[82]

잠언 4:23에서는 이렇게 말씀한다.

> 모든 지킬 만한 것 중에 더욱 네 마음을 지키라 생명의 근원이 이에서 남이니라(잠 4:23).

여덟 번째 관점은 노인은 하나님께 듣고 다음 세대에 전하는 위치에 있다는 것이다.

역사를 더듬어보면, 이 세상을 위해 가장 많이 흔적을 남기면서 일한 그리스도인들은 바로 천국에 사로잡힌 마음으로 다음 세상에 대해 가장 많이 생각했던 이들이었다.[83]

요엘 1:2-3은 "늙은 자들아 너희는 이것을 들을지어다. 땅의 모든 주민들아 너희는 귀를 기울여 들을지어다 … 이 일을 너희 자녀에게 말하고 너희 자녀는 자기 자녀에게 말하고 그 자녀는 후세에 말할 것이니라"고 하여 부탁을 넘어서 강조하여 말씀하고 있음을 주시해야 한다. 이 일은 강하게 도전받아야 할 내용이다. 영적이고 신학적인 도전으로 무엇보다 믿

---

81 나우웬, 『영성에의 길』, 55.
82 천종수 편집위원, 『크로스 종합주석 9 시편(하)-아가』, 509.
83 루이스, 『순전한 기독교』, 211.

음을 행위로 표현하며 말을 행동으로 실천하는 것이어야 한다.[84]

여덟 번째 내용이 위의 세 번째 내용과 중복된다는 의견을 가질 수 있겠지만, 여기에서 조금 더 구체적인 하나님의 구원하시는 확고한 일들에 대한 것을 듣고, 알고, 전한다는 점을 강조하여 진술한 것이다. 나이가 들어 어른이 되거나 노인이 되면 후대에 전해 주어야 할 믿음의 행위와 말을 행동으로 실천해야 할 것들이 있다.

그것은 하나님께서 지나온 삶을 어떻게 인도하셨는가? 이다. 이 사실이 인지된 노인들은 깨어 있는 삶을 살게 된다. 이 부분이 제자도의 삶의 핵심 중 한 부분이다. 이 시대는 피상적이고 세속적인 자신감이 난무하여 함정들이 널려 있는 상황이다.[85] 어둠이 땅을 덮고 캄캄함이 만민을 가리는 상황(사 60:2)에서 노년의 제자도는 빛을 발하는 삶이 되어야 하는 것이다. 노년이라 해서 세월을 소홀하게 허비할 수 없고, 체념적인 삶이 되어서도 안 된다(엡 5:8; 16-17).

여호수아가 나이 많아 늙어서도 리더로서의 모습을 견고하게 갖추고 있으면서 다음 세대에 하나님의 살아 계신 역사를 생생하게 증언하면서 교훈 했던 사실(수 23-24장)은 노년의 제자도의 삶에 큰 도전을 준다. 시편 78:1-8에서 "내 백성이여, … 예로부터 감추어졌던 것을 드러내려 하니 … 우리의 조상들이 우리에게 전한 바라. … 여호와의 영예와 그의 능력과 그가 행하신 기이한 사적을 후대에 전하리로다. … 자손에게 알리라 하셨으니 …"라고 한 말씀에서 볼 때 노인은 다음 세대에 하나님이 누구이신 지와 행하신 기이한 사적을 전할 위치에 있고 임무가 있는 귀하고도 중요한 사람들이다.

---

84 기니스, 『소명』, 96-97.
85 패커, 『하나님의 계획』, 145.

2) 신약성경

노년의 시기에 살아가는 이유와 생활 속에서 이루어져야 하는 일들이 왜 있어야 하는지 그 이유들을 예수께 배워야 한다.[86] 신약성경에서는 노년에 대한 말씀이 구약성경에서보다 확연하게 그 횟수가 적게 나타난다.

하나님께서 노인에 대하여 구약과는 다르게 관심을 표명하시는가?

그 관점이 무엇인가?

어떤 차이가 있는가에 대하여 신약에서 여섯 가지를 제시하려고 한다.

첫 번째 관점은 신약에서도 구약과 마찬가지로 노인의 의미는 나이가 많다는 것이다.

누가복음 1:5-25에 보면, 구약의 아브라함과 사라의 상황처럼 사가랴와 엘리사벳의 나이 많음을 통해 노년 임을 나타내고 있다. 누가복음 1:36에서는 엘리사벳이 원래 임신을 못 하는 사람인 것을 말하는데, 7절, 13절, 18절을 보면 그녀가 단산된 시기에 있었음을 말하면서 나이가 많다는 것을 나타낸다.

나이가 많다는 것은 누가복음 2:36-37에서 보여 준 대로 80대이다. 80세에서 90세 사이를 노년이라 할 때 구약에서의 약 90세에서 100세 사이를 노년으로 보는 것과는 10세 정도의 차이가 있지만 장수의 때와 수명이 확연하게 줄어든 때를 비교하면 충분히 이해된다.

두 번째 관점은 노년은 진취적이고 행복한 종말론적 삶이라는 것이다.

노인에 대해서 신약성경에는 구약성경에서 보다 훨씬 적게 언급된 것으로 보이며, 신약성경에서는 구약성경보다 노년에 대한 관점이 훨씬 행복한 종말론적이라 할 수 있다(히 11:39-40).

86　윌라드, 『잊혀진 제자도』, 44.

고린도후서 4:16에 보면, "겉사람은 후패하나 우리의 속은 날로 새롭도다"라고 말씀하고 있다. '겉사람이후패하나'라는 의미는 몸의 노후를 말한다.[87]

그러나 영혼은 더 행복해진다. 소망 때문인 것이 분명하다(히 6:19; 7:18-10). 디모데후서 4:7-8에서는, "선한 싸움을 다 싸우고 달려갈 길을 마치고 믿음을 지켰으니"라고 할 때 이는 죽음의 날이 가까워졌다는 것이고, 이제 후로는 나를 위하여 의의 면류관이 예비 되었다는 것을 말함으로써 밝고 행복한 상태로 생을 마감하게 되리라는 장면을 보여 준다.

정성욱 교수는 그리스도인들이 재림을 기다리는 자세는 기본적으로 기쁨과 소망일 수밖에 없다고 말하면서, 밝고 행복한 종말론으로 무장한 성도는 매일매일 그리고 매 순간 예수 그리스도와 친밀하게 동행하는 삶이라고 말한다.[88]

우리는 하나님 없이 인간 다울 수 없다. 이것이 바로 그리스도인들이 믿는 바이다.[89] 바울이 회심 이후 그 마지막 순간까지 한 점 후회함이 없는 그런 신실한 일꾼이었다[90]는 말은 나태한 삶을 벗어 던지고 예수님과 함께 고난에 동참한 삶이었으면서도 인생 끝에서 의의 열매를 바라봄으로 행복한 모습이었다는 것을 보여 준다.

세 번째 관점은 노년의 제자의 임무로서 기도하는 예배자의 위치에 있다는 것이다.

노년에 가장 효과적으로 실천할 수 있는 제자의 삶은 기도라 할 수 있다. 누가복음 1:5-10에 보면, 나이 많은 사가랴와 엘리사벳을 의인이라

87　천종수 편집위원, 『크로스 종합주석 18 로마서-고린도후서』, 682.
88　정성욱, 『밝고 행복한 종말론』, 25.
89　유진 피터슨, 『다윗: 현실에 뿌리박은 영성』, 이종태 역 (서울: 한국기독학생회출판부, 2000), 16.
90　천종수 편집위원, 『크로스 종합주석 19 갈라디아서-빌레몬서』, 716.

칭하면서 기도하는 예배자의 모습을 보여 준다.

누가복음 2:36-37에서는 아셀 지파 비누엘의 딸 안나라 하는 나이가 매우 많은 선지자가 있는데 84세가 되었다고 한다. "이 사람이 성전을 떠나지 아니하고 주야로 금식하며 기도함으로 섬기더니"라고 말씀한다. 나이가 매우 많아 늙었다고 하면서 "금식하며 기도함으로 섬기더니"라는 말씀에서 노년의 제자도의 삶으로서 기도하는 모습을 분명하게 제시해 주고 있다.

팀 켈러는 그의 책 『기도』에서 "인생 후반부에 들어서야 기도가 무엇인지 제대로 알았다. 기도 말고는 달리 도리가 없었다"[91]라고 고백함으로써 기도의 중요성을 일깨워 준다.

사도행전 2:17을 보면, 구약 요엘서를 인용한 말씀인데 신약에서 노년에 관한 말씀이라는 점에서 살펴보면, "너희의 자녀들은 예언을 할 것이요, 너희의 늙은이들은 꿈을 꾸리라"고 하는데, 늙은이들은 젊은이들의 윗세대임을 구분하여 보게 한다. 그러면서 젊은이들은 환상을 보고 늙은이 들은 꿈을 꾸리라고 말씀함으로써 노년에도 임무가 계속되고 있음을 추론할 수 있다.

다시 말하면, 노년에 대한 하나님의 관심은 활발하고 진취적인 삶을 바라고 계신다는 것이다. 그러므로 노년에도 온전한 지성 위에 온전한 영성을 계속 세워야 한다. 지성과 영성의 고양된 인격을 무시해서는 안 된다.[92]

기도는 바로 예배의 행위이다. 기도는 하나님을 우리 아버지로 누리고 'Enjoy' 하는 것이다. 우리를 즐거워하시는 아버지를 즐거워하는 행위이다. 우리를 기뻐하시는 아버지를 기뻐하는 행위이다.[93]

---

91 켈러, 『기도』, 25.
92 정성욱, 『밝고 행복한 종말론』, 304-305.
93 정성욱, 『한국 교회, 이렇게 변해야 산다』, 225.

누가복음 1:5-22에서는, 사가랴와 그의 아내 엘리사벳을 소개하는데 하나님 앞에 의인이고 나이가 많은 사람이라고 소개한다. 나이가 많음에도 사가랴는 제사장 직분을 감당하고 있고, 두 사람이 다 기도하는 사람이라고 말씀한다. 이는 노년의 제자도의 삶이 어떤 것인가를 잘 보여 준 것이다. 기도의 개념은 말씀을 통해 하나님과 나누는 대화의 일부라 할 때[94] 기도하는 노인에 대한 하나님의 관심이 얼마나 큰 것인가를 알 수 있게 한다.

네 번째 관점은 사랑을 흘려보내는 영적 장성함의 위치에 있다는 것이다.

진리와 사랑은 위대한 동인(動因)이다.[95] 고린도전서 13:1-13을 (10-13절을 중심으로) 영적인 면에서 볼 때 장성한 사람이란 노년의 사람으로 볼 수 있다. 하나님을 더 많이 알고 더 확실하게 아는 사람이며, 진리로 빚어진 사랑의 모습이 더 많이 그리고 온전히 갖춰진 사람이라는 것을 추론할 수 있다. 왜냐하면, 다음과 같은 이유에서다.

> 내가 어렸을 때에는 말하는 것이 어린아이와 같고 깨닫는 것이 어린아이와 같고 생각하는 것이 어린아이와 같다가 장성한 사람이 되어서는 어린아이의 일을 버렸노라 (고전 13:11).

젊은 때도 영적인 차원에서 사랑의 모습을 잘 갖출 수 있다. 논의의 중점은 장성한 사람 곧 노년의 사람은 젊은 때보다는 사랑의 모습을 더 잘 갖추고 있어야 하는 것과 삶의 실천을 더 잘 할 수 있어야 한다는 것이 하나님의 마음이라는 것이다.

---

94 켈러, 『기도』, 373.
95 론 스미스 · 롭 페너, 『하나님의 값없이 주시는 선물, 은혜』, 강윤옥 역 (서울: 예수전 도단, 1989), 62.

사도 바울은 그리스도의 사랑이 충만해지는 것은 그리스도의 내주하심의 결과라는 믿음으로 성도들의 신앙 성숙을 위해 보다 강한 열정으로 신앙에 매진할 것을 요구하는 모습을 보여 준다.[96]

예수 그리스도로 충만한 사랑은 말과 혀로만 사랑하는 것이 아니고 행함과 진실함으로 사랑하는 것이다(요일 3:18). 사랑은 언어 게임을 넘어 실천적 영성으로 한국 교회의 갱신과 개혁을 위해 시급하게 실천되어야 할 사항 중의 하나다.[97] 노년의 삶은 하나님의 사랑을 세상으로 알게 하는 위치에 있는 것이다(요 15:16-17; 17:23).

이는 시편 92:12-14에서 말씀하는 의인으로 노년의 결실하는 삶이다. 요한복음 15:2-3에서는 열매를 더 맺게 하려고 깨끗케 하는데, 그리스도의 일러준 말로 이미 깨끗하게 되었다고 말씀한다. 그리스도 안에서 사랑하는 자들이 자신을 깨끗케 하고자 할 때, 때로는 그리스도의 일로 언급이 된다. 하나님께서 성령으로 우리 안에서 사랑의 일을 행하시고, 일깨우시며 행할 수 있게 하심으로써 그의 일을 행하신다.[98]

요한복음 15:9에서 "나의 사랑 안에 거하라"고 명하심은 17절에서 서로 사랑하게 하려 함이라는 것이다. 우리가 순종하고자 할 때 성령께서 임하시고 행할 수 있도록 도우신다.[99] 사도행전 10:38에 보면, 예수님은 하나님의 아들이시면서도 성령과 능력을 충만하게 받아 일하신 것을 말씀한다. 아버지께 온전한 수중의 삶을 위해 그렇게 하셨다. 복음의 일에 온전한 순종으로 일한 바울은 성령의 영감으로 자극을 받아 다른 사람을 위해 일할 수 있었다.[100]

---

96 천종수 편집위원, 『크로스 종합주석 19 갈라디아서-빌레몬서』, 173-174.
97 정성욱, 『한국 교회, 이렇게 변해야 산다』, 238.
98 앤드류 머리, 너희도 거룩하라』, 김광택 역 (서울: 생명의말씀사, 1982), 239.
99 D. M. 로이드 존스, 『성령론』, 홍정식 역편 (서울: 새순출판사, 1990), 248.
100 스미스 · 패녀, 『하나님의 값없이 주시는 선물, 은혜』, 69.

사랑의 모습은 고린도전서 13:4-7에서 15개의 구체적 부분으로 구성되어 있다. 사랑은 오래 참고, 온유하며, 시기하지 아니하며, 자랑하지 아니하며, 교만하지 아니하며, 무례히 행하지 아니하며, 자기의 유익을 구하지 아니하며, 성내지 아니하며, 악한 것을 생각하지 아니하며, 불의를 기뻐하지 아니하며, 진리와 함께 기뻐하고, 모든 것을 참으며, 모든 것을 믿으며, 모든 것을 바라며, 모든 것을 견딘다.

여기에 있는 열다섯 개 부분들이 노년에 골고루 잘 세워져 있을 때 영적으로 장성한 사람이라는 것이다. 열다섯 개 부분에서 어느 하나가 잘못되어 있을 때 전체적으로 낮아지기 때문이다. 이에 대하여 크리스티안 슈바르츠는 그의 책에서 "최소치 요소의 영향"이라는 소제목으로 물통 비유를 통해 설명한다.[101]

예를 들어, 우리 자신을 사랑을 담은 통으로 볼 때 열다섯 개 부분이 짜여서 통의 역할을 한다. 여기에서 '성내지 아니하며'라는 한 조각의 부분이 깨졌다고 가정해 보자. 사랑은 이 깨진 부분으로 인해 온전할 수 없고 깨어진 만큼 부족해지고 약해진 상태라는 것이다. 이러한 점들을 점검하면서 일관성을 가지고 지속적으로 훈련함으로써 열다섯 개 부분 전체가 골고루 세워질 수 있게 해야 한다.

예수 그리스도 안에서 하나님의 사랑을 닮아가는 것은 적극적이어야 한다. 수동성은 그 자체가 비성경적으로 결코 바람직하지 않고 그리스도인의 성숙에도 해롭기 때문이다.[102] 어린아이 때는 사랑을 받는 자의 위치에 있지만, 장성한 사람, 성숙한 노인은 사랑을 흘려보내는 위치에 있는 것이 하나님의 관심이다. 의인은 노년에도 갈보리의 십자가를 응시하고, 자신이 엄청난 사랑을 받았다는 사실을 기억하는 사람으로서 하나님과

---

101 크리스티안 슈바르츠,『자연적 교회 성장, 건강한 교회에 꼭 필요한 여덟 가지 질적 특성을 위한 지침서』, 윤수인 외 3인 역 (서울: NCD, 2000), 52-53.
102 제임스 패커,『성령을 아는 지식』, 홍종락 역 (서울:홍성사), 221.

이웃들을 뜨겁게 사랑한다.[103] 갈라디아서 5:6에서 "그리스도 안에서는 할례나 무할례나 효력이 없으되 사랑으로써 역사하는 믿음뿐이니라"고 말씀한다. 사랑의 모습을 갖추는 것에 대한 인식은 필수적이고 능동적 훈련이 필요하며 실천하는 삶의 믿음이 필요하다.

다섯 번째 관점은 노년일수록 성령 충만함을 받아야 한다는 것이다.

에베소서 5:15-18을 보면, 때가 악하기 때문에 지혜 있는 자 같이하여 세월을 아끼라고 하면서 오직 성령으로 충만함을 받으라고 말씀한다.

기독교 영성은 삶의 모든 영역에서, 성령의 인도와 능력을 통하여, 살아 계신 하나님을 전인적으로 지향하는 태도이다.[104]

삶의 모든 영역에서 세월을 더욱 아껴 살아야 할 세대는 노인 세대라고 본다. 많은 노인이 그러고 싶은데 어찌할 바를 몰라 세월을 그저 흘려보내고 있는 안타까움이 있다. 중요한 것은 지나온 삶에서 앞의 것들을 잊고 무한하신 창조주를 향해 자신을 열고 하나님 한가운데로 들어가 하나님에 의해, 하나님 안에서 지탱되고 있음을 느끼고 믿는 일이다. 나이가 든다는 것은 결국 영적 여정이다.[105]

에베소서 5:18 이후에서 행하여야 할 일들을 구체적으로 알려 준다. 여기에서 노년의 중요한 삶의 원칙 중 하나를 말씀하는데, 자녀를 노엽게 하지 말고 오직 주의 교훈과 훈계로 양육하라는 것이다. 자녀에 대한 엄마의 역할이 착상 이후 자궁에서 시작된다면, 아버지의 역할은 아이가 태어난 지 6-8개월이 되면서 시작된다.[106] 부모의 역할을 잘하기 위해서는 성령 충만을 받아야 한다. 성령 충만의 삶은 자기 뜻을 내려놓고 예수님의 말씀을 지켜 행하는 겸손한 삶을 말하는 것이다.

---

103 Ibid., 233.
104 정성욱, 『삶 속에 적용하는 Life 삼위일체 신학』 (서울: 홍성사, 2007), 99.
105 그륀, 『황혼의 미학』, 155.
106 정회성, 『아버지, 이제는 사랑한다고 말할 수 있어요』, 122.

자기 자신에 대한 진실을 시인할 용기가 있는 사람만이 겸손한 사람이다.[107] 여기에서 시인할 용기에 대해 덧붙인다면, "자녀이기 때문에 교육받아야 함을 시인할 용기를 갖고 있는 사람이다."[108] 노년일지라도 하나님의 자녀로서 교육받아야 할 위치에 있으면서도 다음 세대에 전해 주어야 할 것들이 있는 제자의 삶이라는 것을 인정하는 것은 중요한 덕목이다. 노년에 성령으로 충만하지 않고는 하나님을 아는 지식과 믿음이 있다해도 믿음의 행함이 쉽지 않기 때문이다.

여섯 번째 관점은 노년에도 그리스도 예수의 좋은 군사로 용맹을 발하게 한다는 것이다.

빌레몬서 1장에서 다음과 같이 말씀한다.

> 도리어 사랑으로 간구하노라. 나이가 많은 나 바울은 지금 또 예수 그리스도를 위하여 갇힌 중에서 낳은 오네시모를 위하여 네게 간구하노라(빌 1:9-10).

사도 바울이 나이 많아 늙었음에도 하나님께서 그를 권세 있는 일군으로 계속 인도하고 있다는 사실은 모든 노년의 그리스도인들에게 용기를 주며 도전이 되는 말씀이다.

3. 노년에 대한 신학적 관점

우리가 갖고 있는 거의 모든 지혜, 곧 참되며 건전한 지혜는 두 부분으로 되어 있다. 그 하나는 하나님에 관한 지식이요, 다른 하나는 우리 자신

---

107 바실레아 슐링크, 『그리스도인의 승리』, 엠마오 역 (서울: 엠마오, 1992), 44.
108 Ibid.

에 관한 지식이다."[109]

하나님은 사랑이심이라(요일 4:8) 하시고, 하나님께서 인간을 자기의 형상대로 지으셨다는 말씀과(창 1:27), "우리가 아직 죄인 되었을 때에 그리스도께서 우리를 위하여 죽으심으로 하나님께서 우리에 대한 자기의 사랑을 확증하셨느니라"(롬 5:8)고 하신 말씀에서 보면 하나님은 남녀노소를 불문하고 아가페의 사랑을 베푸신다.

그러므로 인간이 분명히 먼저 하나님의 얼굴을 응시하고 나서, 다음으로 자신을 세밀히 검토하지 않는 한, 사랑받는 자신을 살펴볼 수가 없고, 자신에 대한 참된 지식에 도달하지 못한다.[110]

히브리서 12:1-12를 보면, 하나님의 사랑하는 자녀가 사생자가 되지 않도록 때로는 징계를 하기도 하는데 백발이 성성한 노인일지라도 예외가 없다. 육신의 아버지는 잠시 자기의 뜻대로 자녀를 징계하지만 오직 하나님은 우리의 유익을 위하여 그의 거룩하심에 참여하게 하신다고 말씀한다. 징계가 처음에는 즐거워 보이지 않고 슬프게 생각되지만 나중에는 그 징계로 말미암아 연단 받은 자들은 의와 평강의 열매를 맺게 된다.

칼빈은 영혼의 우수성과 존귀성이 특히 빛나는 부분이 상처를 입었을 뿐만 아니라 심히 부패하기까지 해서, 치유를 받으며 새로운 본성을 입어야 할 형편이라는 결론이 된다고 말한다.[111] 중요한 것은 히브리서 11장에서 수많은 믿음의 선진, 믿음의 노년들의 삶의 발자취를 소개하고 난 다음에 12장에서 믿음의 주체가 되신 예수 그리스도를 소개함으로써 백성으로 온전함을 이루게 하려는 것이고 평강의 열매를 맺게 하는 것인데,[112] 여기에 노인이 예외가 될 수 없다.

---

109 칼빈, 『기독교 강요(상)』, 77.
110 Ibid., 78-79.
111 칼빈, 『기독교 강요(상)』, 377.
112 천종수 편집위원, 『크로스 종합주석20 히브리서-요한계시록』, 252.

우리의 과거의 잘못과 아픔과 상처들을 치유하고 현재 우리를 지탱시키는 기억은 또한 우리의 미래를 인도하고 우리의 삶을 끊임없이 새롭게 해 준다.[113] 열매 맺는다는 것에 대하여는 시편 92:12-15를 함께 생각할 때 일평생 이루어지는 일이며, 너무도 중요하다는 것을 상기해야 한다. 의인은 젊어서만 아니라 늙어서도 여전히 열매를 결실하게 되는 삶이라는 것이다.

기니스는 나태함을 죽음에 이르는 죄로 설명하면서, 나태함은 신체적인 게으름 이상의 것이라고 말한다. 나태함의 뿌리는 신체적인 것보다는 영적인 것에 있는 것으로서 하나님에 대한 추구를 포기한 상태, 곧 노골적인 영적 낙담 상태를 의미한다는 것이다.[114] 노년에도 소명을 따른 삶을 포기해서는 안 된다. 영적인 삶으로 깨어 일어나야 된다.

제임스 패커는 "처음부터 끝까지 성경의 주권자 하나님을 믿으며 살 때 인생이 어떻게 보이고 느껴지는지를 보여 주려는 것이다"[115]라고 말함으로써 인생 끝에서도 하나님의 인도하심을 나타낼 수 있다는 통찰력을 얻게 해 준다. 팀 켈러는 "하나님과 참으로 살아 움직이는 관계를 맺고 있는 이들은 내면에서부터 기도하고자 하는 욕구가 끓어 넘치는 법"이라고 말했고,[116] 내면생활에 우선순위를 두지 않는 한, 백이면 백 위선에 빠지고 만다[117]라고 말했다.

노년에 겸손히 기도할 때 하나님의 영을 부어 주셔서 꿈을 꿀 수 있게 된다(욜 2:28). 하나님의 인도하시는 역사를 노년에도 분명하게 목도하며 경험하게 된다.

---

113 나우웬, 『예수님을 생각나게 하는 사람』, 69.
114 기니스, 『소명』, 231.
115 패커, 『당신을 향한 하나님의 계획』, 10.
116 켈러, 『기도』, 44.
117 Ibid., 43.

1) 구약 신학적 모범: 모세

모세의 노년의 삶을 신학적으로 깊이 살펴보면, 기도와 묵상과 인내로 훈련된 바탕 위에 세워졌다고 본다. 다른 말로 그는 노년이 되기 바로 직전에 영적 예배자의 삶을 배우고 있었다는 것이다.[118] 출애굽기 2:11부터 신명기 43:12까지 보면, 모세가 장성한 후 자신의 정체성과 명예를 알리고 하는 시기에 부딪혀온 위기를 통해 미디안 광야에서 묵상과 기도로 인내의 삶을 살고 있었다는 것을 영적으로 추론하여 볼 수 있다.

"인간의 삶 – 특히 종교적 삶 – 에서 감투와 공적 보상에 대한 욕망은 정말 놀랄 정도다. … 그리고 '자존감' 문화의 한 부분으로 당연시되는 그 밖의 많은 형태가 하나님의 임재 안에 있는 우리의 위치와 무관하게 그저 삶의 일부가 되어 버린"[119] 그런 상황을 벗어나 하나님과의 친밀한 소통을 배우고 있었다.

그 이유는, 모세가 팔십 세가 되어 하나님의 산 호렙에 이르러 하나님께서 자신을 떨기나무 가운데 불꽃을 통해 부르신다는 것을 인지하였다는 데 있다. 또한, 출애굽기 33:11의 "사람이 자기 친구와 이야기함 같이 여호와께서는 모세와 대면하여 말씀하시며"라는 말씀에서 충분히 추론이 가능하다.

성경 어디에도 이 구절보다 하나님과의 친밀함을 더 의미심장하게 표현하는 데는 없는 것 같다.[120]

---

118 유진 피터슨, 『다윗: 현실에 뿌리박은 영성』, 이종태 역 (서울: 한국기독학생회출판부, 2000), 93.
119 윌라드, 『하나님의 모략』, 261.
120 고든 맥도날드, 『리더는 무엇으로 사는가』, 김명희 역 (서울: 한국기독학생회출판부, 2020), 77.

모세가 하나님을 생각하면서 묵상하고 기도하는 삶을 살지 않았다면 하나님의 부르심을 인지할 수 없었고, 하나님과 친밀할 수 없었다. 지혜롭게 나이 들기 위해 조용한 시간을 갖고 묵상하며 기도한다는 것이 얼마나 중요한지를 알게 된다.[121]

또한, 나이 들어서도 하나님의 친 백성으로서 소명의 역할을 다하기 위해서 묵상하며 기도한다는 것이 중요한 일인 것에 대하여 변명의 여지가 없다.[122] 그리고 "소명이 그리스도인에게 끊임없이 상기시켜 주는 것은, 그리스도인은 이미 도달한 자가 아니라 이생에 동안 항상 '그리스도의 추종자'요 '그 도'를 따르는 자로서 그 길을 걷고 있는 사람이란 사실"[123] 을 인지할 때 기도하지 않을 수 없다.

기도란 '하나님을 아는 지식에 인격적으로 소통하는 반응'이라고 정의할 수 있다.[124] 모세는 깊은 고독과 침묵 속에서 기도하고 있었다고 함이 옳다. 고독은 회심의 장소다. 그런 의미에서 고독이 '변화의 도가니'라는 나우웬의 표현은 참으로 적절하다.[125]

고독은 단지 목적을 위한 수단이 아니라 그 자체가 목적이다. 고독의 자리에서 그리스도는 우리를 자신의 형상대로 다시 빚으시고, 세상의 해로운 강박증으로부터 해방시키신다. 고독은 구원의 자리다.[126]

모세의 팔십 세를 넘어선 노년의 삶을 보면, 하나님의 부르심(소명)에 반응하고 따라가는 그의 삶이 하나님과 얼마나 친밀하였는지, 진액이 얼마나 풍족하였는지, 얼마나 권세 있게 전개되었는지를 보여 준다. 여기에서 노년의 제자도의 삶을 그려볼 수 있게 한다. 그는 사십 세에서 팔십 세

---

121 누스바움 · 레브모어, 『지혜롭게 나이 든다는 것』, 8.
122 켈러, 『기도』, 29, 34, 37, 205.
123 기니스, 『소명』, 170.
124 켈러, 73.
125 나우웬, 『마음의 길』, 6.
126 Ibid., 43.

까지 인생에서 최고의 왕성한 시절을 광야에서 양을 지키는 신세로 자신의 지혜나 의지, 자신의 목적이나 혈기가 없어질 때까지 소외당한 것 같은 고독한 상태에 처해 있었다.

모세는 낯선 타향에서 얻은 아들의 이름을 '게르솜'(도피한 그곳에서 나그네가 되었다는 뜻)이라 명함으로써 자신의 지금 심경을 드러내었다.[127]

그는 태어나면서부터 절망적인 상황에 있었지만, 하나님의 계획은 그가 노년이 되었을 때를 바라보고 계신 것은 아닌가 하는 생각도 해 볼 수 있다. 하나님께서는 계획을 갖고 있는 당신의 사람들은 결코 포기하지 않으시고[128] 가르치고 훈련하여 세우신다. 모세는 노인의 시기에 접어들면서 소명의 때가 되어 하나님의 부르심을 받고 절망스러운 상황에서 일어났다.

호세아 선지자는 "선지자들이 저희를 부를수록 저희가 점점 더 멀리한다"(호 11:2)라는 하나님의 탄식을 전달하고 있다. 이러한 슬픔은 애초에 하나님의 부르심이 있었기 때문에 생겨나는 것이다.[129]

모세는 하나님의 부르심에 서서히 그렇지만 분명하게 책임감을 가지고 응답하였다. 모세는 현대인의 성정과 같은 존재로서 노년에 대한 구약성경과 신학적 관점에서 큰 모범이라 할 수 있음이 분명하다.

2) 신약 신학적 모범: 사도 요한

신약성경에서 사도 바울과 다른 사람들을 모범으로 말할 수도 있지만, 사도 요한을 모범으로 서술하려고 한다. 요한계시록 1:9에서, 요한은 우리의 형제라고 말하고, 예수의 환난과 나라와 참음에 동참하는 자라 하면

---

127 천종수 편집위원, 『크로스 종합주석 2 출애굽기-레위기』, 39.
128 Ibid., 36.
129 기니스, 『소명』, 106.

서, 하나님의 말씀과 예수를 증언하였음으로 말미암아 '밧모'라 하는 섬에 있었다고 말한다. 그는 유배의 상태에 있었다. 그는 나이 들어서 유배지에 감금된 채 - 어떤 면에서 현대 노인들이 소외된 상황이라 할 수 있는 상태 - 살면서도 하나님의 소명을 따름으로 조금도 초라하지 않게 살았다는 것 때문이다. 그는 오는 여러 세대를 향한 하나님의 마음을 알게 하고, 또 그리스도께서 성령을 통하여 미래의 일들을 보여 주신 그대로 책임감 있게 전하는 소명을 따라 살았다. 어떻게 그렇게 할 수 있었나 하는 질문을 노년에 해보아야 한다.

요한은 예수 그리스도 안에서 하나님의 사랑을 받아 누리는 친밀함으로 소외된 삶을 극복하며 살았던 것이 분명하다. 그가 기록한 요한복음과 요한일·이·삼서 그리고 요한계시록을 통해 확인된다. 그는 그리스도와의 친밀한 영적 관계를 통해 마지막 때가 있음을 알았고, 마지막 때에 될 일에 대하여 교회들에게 전해야 할 책임 있는 존재로서의 정체성을 분명하게 확립하고 있었기 때문이다.[130] 현대 세계는 그 특성상 '우리는 아무것도 빚지지 않았다'고 할지 몰라도, 기독교의 복음은 그 특성상 '우리는 모든 것을 빚졌다'고 대답한다.

그러므로 소명은 그리스도를 따르는 자들에게 인생의 그 어떤 것도 당연시해서는 안 되며 삶의 모든 것을 감사함으로 받아야 함을 상기시켜 준다.[131]

세상의 "운명론적 관점은 사건들이 자기의 길을 가도록 내버려 두어야 한다는 체념적인 수용의 관점"[132]인데, 요한은 예수 그리스도의 계시를 받아 전하면서 읽고 듣는 자와 그 가운데 기록한 것을 지키는 자는 복이 있다고 분명하게 선언한다(계 1:1-3). 그리스도께서는 향방 없이 달려가고 있는 사람들을 향하여 부르신다.

---

130 기니스,『소명』, 35.
131 Ibid., 320.
132 앤소니 기든스,『현대성과 자아정체성』, 권기돈 역 (서울: 새물결사, 2001), 196.

> 수고하고 무거운 짐 진자들아 다 내게로 오라 내가 너희를 쉬게 하리라 하시면서 내 멍에를 매고 내게 배우라 하신다(마 11:28-30).

분명한 길이 있다는 것을 알려 주려 하는 것이다. 순종으로서 이 길을 갈 때 성령께서 동행하심으로 하나님의 하고자 하시는 일을 알 수 있고, 인생의 나약하고 허무하다 생각되는 것들을 털어 낼 수 있고, 영원한 의미가 있는 삶, 늙어도 결실하는 삶을 살 수 있게 된다. 이 복된 삶을 인도하시는 하나님의 일하심을 나타내며 책임감 있게 전하는 것을 가리켜 제자의 삶이라고 말하며 축복의 통로라 한다.

성경은 장수하는 삶, 곧 노년을 복된 것으로 말씀한다(신 22:7b; 30:20; 시 91:16; 잠 3:2; 엡 6:3). 그런데 전도서 6:2-3에서는, 사람이 비록 백 명의 자녀를 낳고 또 장수하여 사는 날이 많을지라도 그의 영혼이 하나님이 주신 행복을 누리고 만족해야 된다는 것을 말씀한다.

그렇지 못하면 낙태된 자가 그보다는 낮다는 것이다. 연결하여 요한삼서 2절에 보면, "사랑하는 자여 네 영혼이 잘됨 같이 네가 범사에 잘되고 강건하기를 내가 간구하노라"고 말씀한다. 진정한 장수의 복은 영혼이 잘되고 범사가 잘되고 몸이 건강한 것임을 알게 된다. 전도서 12:13 말씀은 장수의 복을 말씀하면서 인생의 목적을 이야기한다.

> 일의 결국을 다 들었으니 하나님을 경외하고 그의 명령들을 지킬지어다. 이것이 모든 사람의 본분이니라(전 12:13).

많은 것을 누리고 장수한다 할지라도 하나님을 영화롭게 하는 것이 아니라면 쓸모없어 무익한 것이다. 100세 시대 노년의 삶이 무익해서는 안 된다는 것이 성경적 관점이다.

웨스트민스터 소요리 제1문 답은 인생의 본분을 명확하게 밝혀 준다.

문: 사람의 제일 되는 목적은 무엇입니까?

답: 사람의 제일 되는 목적은 하나님을 영화롭게 하고 영원토록 그를 즐거 위하는 것입니다.[133]

이 문답은 노년의 삶에 대한 의미와 본분을 성찰하도록 이끈다. 요나슨의 소설에서, 주인공인 노인이 그의 100세가 되는 생일날 그가 기거하는 요양원의 창문을 넘어 도망하다가 잠시 한 무덤 위에 털썩 주저앉았다. 그가 깔고 앉은 것은 묘석이었다. 그 묘석 아래에 누워 있는 사람은 자신과 같은 해에 태어났고 벌써 61년 전에 세상을 떠났다는 것을 알고 재미 있다는 표정을 지었다[134]는 대목에서 인간 수명에 대해 많은 시사성을 갖게 한다.

죽음과 삶의 차는 무엇이며, 어느 쪽이 더 낳은 것인가?

"인생을 조금 더 연장해 보기로 결정하고 나니, 사는 게 왜 이리도 고단한 지"[135]라고 의문을 던진다. 그리고 요나손은 그의 책 말미에서 편집된 연극의 한 장면을 보여 줌[136]으로써 인생을 연극과 같은 것이라고 말하고 싶어한다는 것을 생각하게 한다. 현대의 많은 사람이 갖고 있는 생각이다.

성경 전도서 4:2에서는, 아직 살아 있는 자들보다 죽은지 오래 죽은 자들을 더 복되다고 말씀한다. 그리고 요한계시록 14:13에서는, "지금 이후로 주 안에서 죽는 자들은 복이 있도다 하시매 성령이 이르시되 그러 하도다. 그들이 수고를 그치고 쉬리니 이는 그들의 행한 일이 따름이라 하시더라"고 말씀한다.

---

133 김재진, 『웨스트 민스터 소요리 문답 해설』 (서울: 대한기독교서회, 2004), 19.
134 요나스 요나손, 『창문 넘어 도망친 100세 노인』, 임호경 역 (경기도: 열린책들, 2020), 9.
135 Ibid., 87.
136 요나손, 『창문 넘어 도망친 100세 노인』, 418-443.

인생의 삶이나 죽음이 결코 연극의 한 장면에 불과한 것이 아니라는 것을 성경은 분명하게 밝혀준다. 그리스도 예수 안에 믿음으로 순종하는 삶을 통해 죽음이 복된 것이다. 또한, 삶의 순간의 믿음을 따른 행한 일의 중요성을 밝혀 주고 있다.

현대 노인들의 소외당한 것 같은 삶에 처했던 사도 요한은 그리스도의 말씀이 자기 안에 거하는 중요성을 알고 묵상하며 기도하는 삶을 통해 초라하지 않게 살았다는 것을 요한복음과 계시록에서 확인할 수 있었다. 그는 예수 그리스도를 믿고 의지하면서 성령의 인도하심을 따라 소명을 올곧게 이행함으로써 하나님께 영광이 되는 삶이었다는 것이 분명하다.

노년의 삶이 하나님께 영광이 되지 않는다면 차라리 예수 그리스도 안에서 죽는 편이 더 낫다는 것에 대해서 확실한 이해를 하고 있어야 한다(빌 1:20-24; 시 116:15; 전 7:1-2; 골 2:20; 고전 15:31; 고후 4:11-12; 5:8-10; 사 57:1-2; 딤전 5:6). 노년의 삶이 세계를 더 여행하고 많은 일들을 경험하면서 어떤 성취감을 갖게 되었고, 그렇게 될 것이라 할지라도 하나님을 영화롭게 하는 것이 아니면 오히려 화가 될 수 있다. 잠시 낙을 누리다가 영원한 생명을 잃어버린다는 것은 영원한 불행이기 때문이다.

유혹은 죄를 마음에 생각하는 것이다. 그리고 그 유혹을 따라 죄를 지었을 때 비로소 죄가 된다.[137] 죄가 장성하면 사망에 이르게 된다는 것은 자명한 사실이다(약 1:15). 성경은 모든 인생을 하나님의 계획(뜻) 안에서 지으셨고, 태어나게 하셨다는 것을 분명하게 밝혀 주면서 인생에게 향하신 하나님의 생각이 보배롭고 무한하다는 것을 말씀해준다(시 139편). 노년에도 변함이 없다. 그러므로 인생이 하나님 앞에 숨길 수 있는 것이란 아무것도 없다."[138]

---

[137] 셔만, 『모든 그리스도인을 위한 영적전쟁』, 181.
[138] 천종수 편집위원, 『크로스 종합주석 9 시편(하)-아가서』, 405.

노년에도 변함없이 그리스도의 몸인 교회의 구성원인 것이다. 성령 안에서 하나님의 거할 처소가 되기 위하여 함께 지어져 가고 있다(엡 2:19-22)는 것을 상기하며 행하는 것이 제자의 삶이다.

시편 104:33-34에서는 이렇게 고백한다.

> 내가 평생토록 여호와께 노래하며 내가 살아 있는 동안 내 하나님을 찬양하리로다. 나의 기도를 기쁘게 여기시기를 바라나니 나는 여호와로 말미암아 즐거워하리로다 (시 104:33-34).

노년에도 기도와 찬양을 드리는 삶이어야 하고, 그러기 때문에 여호와 하나님으로 즐거워하는 삶이고, 하나님께 영광이 되는 삶이어야 하며(엡 3:20-23), 그렇게 할 수 있어서 축복의 통로가 되는 삶이 노년의 제자도이다.

노년의 제자의 삶은 예수님을 구세주로 아는 것이 요구되며(엡 1:15-19), 또한, 예수님과 같은 삶의 책임에 대한 나눔과 공유로써 복음을 따라 이웃을 예수님께 이끌기(엡 2:7) 위한 것이다.[139] 그리고 "예수님의 지상 대명령의 목적은 그 자신들을 예수 그리스도 안에 완전히 위탁 하도록 싸우는 제자들을 만드는 것이다."[140]

인생은 나이 많은 노인이나 중년과 청년 그리고 유년에 있는 누구라도 삶의 전반에 걸쳐 선한 싸움의 연속이요 훈련의 연속이다. 자신과의 싸움, 노년의 열매 맺지 못하게 하는 무기력과의 싸움 등이 그렇다.[141] 그러므로 많은 노인이 활기찬 삶을 영위하지 못하는 이유가 무엇인지를 파악하고 숙고하면서 열매가 지속되는 삶으로 나가기를 열망해야 한다. 그렇지 못한 이유는 "대부분의 사람이 노년을 위한 성장 계획을 세우지

---

139 Ahn, *Redemptive Understanding of God's Genocidal Commands to the Israelites*, 19.
140 Ibid., 19
141 레이 스테드만, 『영적 싸움』, 권혁승 역 (서울: 생명의말씀사, 1991), 59-60.

않고 있기 때문이다."¹⁴²

노년에 자신 안에 담겨 있는 귀한 보배 같은 것들을 발견해야 하고 풀어낼 수 있도록 힘쓰고 애써 기도해야 한다(눅 22:44-46). 축복의 통로가 된 삶이 분명하게 세워지게 된다.

4. 결론

하나님은 남녀노소를 불문하고 편애하지 않으신다. 하나님의 사랑으로 태어났기 때문에 나이가 많아도 하나님의 품에서 사랑받고 있다는 것을 아는 사람들의 삶은 어떤 상황에서라도 그 삶이 메마르지 않고, 다른 사람을 사랑할 수 있고, 도움을 줄 수 있는 것이다.¹⁴³ 세속적으로 학습된 관념의 틀을 깨고 영적으로 깨어 일어나 예수님과 함께하는 삶인 것이다. 예수 그리스도 안에 믿는 사람들은 노년의 여러 가지 상황들의 무기력할 수 있는 약점들을 하나님의 무한한 관심과 지극한 사랑으로 극복할 수 있다.

예수 그리스도의 본을 따라 제자도의 길을 따르는 가운데서 열매 맺으며 진액이 풍족한 활력 있는 삶을 살게 되는 것이 성경적이고 신학적인 관점이다.

"그리스도를 본받는다는 것이 그리스도께서 사셨던 대로 사는 것이 아니라, 그리스도께서 자기 삶을 진실하게 사셨듯이 우리도 우리의 삶을 진실하게 살아가는 것을 뜻한다면 그리스도인이 되는 방법이나" 제자 되는 삶의 방법은 다양할 수 있다.¹⁴⁴ 노년의 제자 된 삶은 예수 그리스도 안에 있는 하나님의 사랑을 따라 진실하게 살아가는 추구다.

---

142 맥도날드, 『리더는 무엇으로 사는가』, 40-41.
143 헨리 나우웬, 『상처 입은 치유자』, 최원준 역 (서울: 두란노, 2002), 123.
144 나우웬, 『상처 입은 치유자』, 129-130.

실로 우리는 한 번도 하나님을 사랑했던 적이 없는 자들이었다. 그런데도 우리는 기쁘신 하나님의 뜻에 따라 그분과 화해하고 그분을 사랑하는 상태 가운데로 부르심을 받았다.[145] 그러므로 우리는 진실하게 반응하고, 분부하신 것을 받아들이고 지켜 행하면 된다.

은혜로운 거룩한 감정들은 그리스도인의 행위로 드러나고 열매를 맺는다. 거룩한 감정들은 그 감정들을 경험하는 주체인 성도에게 영향력과 효력을 미치게 되며, 그 결과로 기독교의 원리와 전체적으로 일치하고, 그 원리에 따라 규정되는 행위는 성도가 일생 실천하고 마땅히 행해야 한다.[146]

이것은 예수 그리스도를 사랑하는 증표다(요 14:23-24; 15:10). 시편 71편에서 한 노인의 기도를 전한다. 이 기도는 어떻게 하면 자기 자신을 받아들일 수 있는지 보여 준다. 이 기도를 바치는 노인은 평생 겪은 부정적 일들을 외면하지 않고 직시한다.[147]

기도하는 사람은 실패만 머물러 있지 않는다. 그가 겪었던 상처에만 붙잡혀 있지 않고, 자신의 삶에 저항하고 자기 운명을 한탄하지 않고 항상 하나님의 얼굴을 구하고 그 능력을 소망하며 찬양한다.[148] 히브리서 2:9-16에 보면, 혈과 육을 지니신 예수 그리스도께서 죽기를 무서워함으로 한평생 매여 종노릇 하는 모든 자를 죽음을 통하여 놓아주려 하시며, 천사들을 붙들어 주려 하심이 아니요 오직 아브라함의 자손을 붙들어 주려 하신다. 노인들의 삶을 끝까지 붙들어 주시며 인도하시는 그리스도 예수의 신실한 사랑을 보여 준다.

---

145 천종수 편집위원, 『크로스 종합주석 18 로마서-고린도후서』, 154.
146 조나단 에드워즈, 『조나단 에드워즈 전집 제1권 신앙감정론』, 존 스미스 편집. 정성욱 역 (서울: 부흥과개혁사, 2020), 540.
147 그륀, 『황혼의 미학』, 30.
148 Ibid., 31.

후안 카를로스는 하나님의 사랑을 하나님 나라의 산소라고 말한다.[149] 하나님의 사랑은 노년에 더욱더 인식하고 날마다 순간마다 호흡해야 할 생명의 에너지라는 인식이 필요하다.

하나님께서 우리에게 인식하는 과정을 두시는 까닭은 성화 과정이 하나님께서 일방적으로 끌고 가는 영역이 아니기 때문이다.[150] 지금의 사회는 워낙 세상적 재미를 중시하다 보니 사역자 그 대열에 합류하고 싶어질 수도 있어서 치열한 경쟁에 빠져들 때 자칫 노년층을 세상과 떼어 놓거나 또는 세상으로 떠밀어야 할 대상으로 보기 쉽다.[151] 많은 목회자가 '노인들이 무덤덤하게 하루하루를 보내는 것 같아서 안타까움이 많다'고 말하지만, 그들을 위해 충분한 시간을 내고 집중하여 성경적으로 이끌 만한 이유와 동기를 설정하지 않고 있다. 하나님이 노년을 향한 관심이 성경에서 어떻게 나타나고 있으며, 변함없는 관심을 왜 계속 갖고 계시는지를 인식하는 것은 중요한 사안이다.

성경은 노년과 노년의 지혜가 지닌 가치를 소중히 여긴다.[152] 누가복음에서 기도하는 노인 스가랴를 볼 때 노년에 어떤 새로운 것이 터져 나오려면 말 못하고 지내야 하는 시기가 필요한 법이다. 그래야 하나님은 노인에게 역사하시며 그의 삶을 변화시키신다. 노인은 침묵하면서 하나님이 자신의 노년에 거두리라 약속하신 열매를 맺는 법을 배워야 한다.[153] 하나님께서는 인간이 장성하는 일을 일방적으로 이끌지 않으시고 인간이 책임성을 가지고 스스로 장성하게 하시며 주목하여 보신다. 특히 하나님과 대화하는 마음으로 하는 기도를 배우고 실천적으로 기도하는 노년의

---

149 후안 카를로스 오르티즈, 『제자입니까』, 김성웅 역 (서울: 두란노, 1989), 45.
150 박영선, 『하나님의 설복』 (서울: 크리스챤서적, 1991), 120.
151 나우웬, 『마음의 길』, 89.
152 그륀, 『황혼의 미학』, 21.
153 Ibid., 22.

사람들을 주목하여 보신다.[154]

신약성경에서는 사가랴와 엘리사벳이 대표적인 예라 할 수 있다(눅 1:5-18). 하나님께서 끝까지 돌보기로 작정하신 사람들에 대한 책임감이 얼마나 큰지 "사랑은 죽음보다 강하다"(아 8:6) 하시고, "우리를 사랑하사 그의 피로 우리 죄에서 우리를 해방하시고"(계 1:5), 진리 안에서 자유롭게 따르는 제자가 되게 하셨다.

신·구약의 말씀을 통해 볼 때 하나님의 부르심을 받은 사람은 이 땅에 있는 동안에 보내심을 통해(지금 있는 자리일 수 있음) 증언하기 위한 것임을 알 수 있다. 이를 위해 혹독한 훈련이 있다는 것을 알게 된다. 이것을 가리켜 제자의 삶이라 말하고, 증인 혹은 복음 전도자라 한다. 이 임무가 그리스도 안에 있는 노년의 삶에 더욱 중요하게 자리 잡고 있다.

삼위일체 하나님의 세 위격이 보내시며 보냄을 받는 교통 가운데 있다는 사실은 신학적으로 대단히 중요한 의미가 있다. 그것은 삼위일체 하나님의 존재 자체가 '선교적'(Missional)인 특성을 가진다는 뜻이다. 선교는 하나님의 여러 사역 가운데 하나이기 전에 하나님의 존재론적 특성(Ontological Feature)이라는 것이다.[155]

준비 없이 하나님의 일을 하고자 덤벼드는 것처럼 위험한 일은 없다. 따지고 보면, 예수님께서도 3년의 공생애를 위해 30년을 준비한 셈이다.[156] 모세는 오랜 침묵 끝에 하나님의 소명을 받는 순간에 자신에게 조금이라도 있었을 지 모를 지난날의 슬픔 따위는 던져버렸다. 할 수 없다는 생각을 극복하고, 할 수 있는 사람으로 일어났다. "자의식 속에는 자신의 가치에 대한 의식이 깊이 담겨 있다.[157] 할 수 있다(빌 4:12-13)는 자신

---

154 맥스웰, 『기도의 동역자』, 34-35.
155 정성욱, 『삼위일체 신학』, 184.
156 천종수 편집위원, 『크로스 종합주석 2 출애굽기-레위기』, 43.
157 패커, 『하나님의 계획』, 240.

감은 초라한 자아상과 거기에 뒤따라오는 자신의 무가치성[158] 같은 것을 확실하게 극복한다. 고독과 처절한 절망, 자기 민족인 히브리인을 돕고자 하다가 미디안 광야로 도망쳐 죽은 듯이 살아야 했던 상황을 이겨낸 모세의 자세는 예수 그리스도를 바라보는 신앙이었고, 하나님의 변함 없는 사랑 안에 있다는 것을 믿는 믿음이었다.

히브리서 11:24-26에서는 이렇게 말씀함으로 확인시켜 준다.

> 믿음으로 모세는 장성하여 바로의 공주의 아들이라 칭함 받기를 거절하고 도리어 하나님의 백성과 함께 고난받기를 잠시 죄악의 낙을 누리는 것보다 더 좋아하고 그리스도를 위하여 받는 수모를 애굽의 모든 보화보다 더 큰 재물로 여겼으니 이는 상 주심을 바라봄이라(히 11:24-26).

새로운 영적 피조물은 새로운 눈과 새로운 귀를 가진다. 그는 전에는 전혀 알아보지 못했던 것을 보고 또 듣는다. 그는 자기 개인 생활과 시대의 사건 속에서 하나님의 구원의 계획과 사랑을 깨닫는다.[159]

시편 78:4-8을 통해 노년의 사람들을 볼 때, 다음 세대를 위해서 영적으로 서있어야 되는 중요성을 알게 된다. 하나님의 행하신 아름다운 일들과(사 12장), 하나님의 명령을 전함으로써 다음 세대가 완고해지지 않게 되어야 하는 것이고, 패역하지 않게 되도록 해야 되는 것이며, 그들의 마음이 정직하지 못하게 되는 것을 막아 주어야 하고, 그 심령이 하나님께 충성하지 아니한 세대와 같지 않게 해야 한다.

노년에 기도가 이 일에 기여할 것임을 주목하게 된다. 골방에 들어가 은밀한 데서 이뤄지는 개인적인 기도 생활이야말로 영적 상태를 가늠해

---

158 Ibid., 241.
159 슐링크, 『그리스도인의 승리』, 26.

볼 수 있는 영적 시험지라고 할 수 있다.[160]

마르틴 루터는 누구도 성경에 기록된 하나님의 말씀을 '넘어가선' 안 되며 그랬다간 기도하면서도 어떤 분과 대화를 나누는지 인식하지 못하게 된다고 못 박아 말한다.[161]

말씀 안에서 믿음으로 기도하는 이 일은 노년의 최선의 제자도의 삶이다. 히브리서 11:1에서 "믿음은 바라는 것들의 실상이요 보이지 않는 것들의 증거니"라고 하면서 믿음으로 살았던 선조들을 이야기하는데 대표적인 예는 아브라함과 사라이다.

> 믿음으로 사라 자신도 나이가 많아 단산하였으나 잉태할 수 있는 힘을 얻었으니 이는 약속하신 이를 미쁘신 줄 알았음이라. 이러므로 죽은 자와 같은 한 사람으로 말미암아 하늘의 허다한 별과 또 해변의 무수한 모래와 같이 많은 후손이 생육하였다(히 11:11-12).

이 말씀은 노년에도 어떤 절망적인 상황들이 밀려온다고 할지라도 굴복하지 말고 믿음으로 예수 그리스도와 함께 결실하는 삶을 세울 수 있다는 격려의 말씀이다.

기도는 분발하여 '주를 붙잡는'(사 64:7) 행위다.[162] 기도는 인간의 한계를 극복할 수 있다는 것을 깊은 내면에서 깨닫게 하는 힘이 있다. 기도는 인간적으로는 알 수 없는 심연의 깊은 진리 가운데로 이끌어 준다.

제자란 그의 스승의 삶을 살도록 요구받는 사람이다. 그다음에 점차로 다른 사람에게 자기의 삶을 가르치는 사람이다. 그러므로 제자도(Discipleship)는 지식의 전달이나 홍보가 아니라 '생명'의 교류이다.[163]

---

160 켈러, 『기도』, 44.
161 Ibid., 89-90.
162 켈러, 42.
163 오르티즈, 『제자입니까』, 123.

마태복음 28:19-20에 보면, 가서, 세례, 가르침의 세 가지 분사가 있는데 이는 반드시 제자 삼아야 하는 것에 대한 확언이다.

하나님은 우리가 다른 사람에게 주거나 알릴 수 있는 것이 극히 작은 것밖에 없음에도 은혜로 우리를 자주 사용하신다. 우리는 다른 사람들이 그리스도의 삶을 받아들이도록 격려하는 일을 의도적으로 시도할 필요가 있다. 그렇지 않다면 "가서 제자 삼으라" 하신 그리스도의 부르심과 명령에 실패하는 것이다.[164]

예수님의 제자로서 받는 것이 다른 모든 가치의 대상보다 더 우월하다는 것을 분명히 보지 못하는 한, 그분의 제자가 될 수 없다.[165]

예수 그리스도 안에서 믿음으로 구원받고 하나님의 사랑 받는 자신의 정체성이 확립되었을 때 나이와 상관없이 노년에도 제자의 삶을 역동적으로 실천할 수 있게 된다. 그리고 완수할 수 있게 됨으로써 하나님께 영광이 되며, 세상을 향해서는 축복의 통로인 것이다.

---

164 Ahn, *Redemptive Understanding of God's Genocidal Commands to the Israelites*, 19-20.
165 윌라드, 『하나님의 모략』, 393.

제3장

이론적 기초와 연구 방향

1. 서론

   노년이 된다는 것은 특별한 의미를 내포하고 있다. 인생 모두가 외적으로 부딪쳐야 하는 현상만은 아니다.[1] 그보다 육체와 정신의 힘이 약해진다는 사실을 받아들이고 자기 내면에 초점을 두는 것이 노년의 의미이다. 나이 든 사람은 자기 내면으로 들어가 소중한 기억과 내면의 보화를 발견해야 한다.[2]

   노인은 영원과 특별하게 가까워진다는 것이며, 특별히 거룩함과 가까워졌다는 것이다. 영원과 친밀함은 죽음과 친해지는 것일 뿐 아니라 영원을 향해 삶을 열 수 있는 능력이기도 하다. 중요한 것은, 훌륭하게 늙는 것이 개인에게만 달려 있는 것이 아니라는 것이다.

   개인이 늙음을 받아들이고 늙음의 의미를 이해하는 것과 더불어 사회의 역할과 사회의 시각도 중요하다는 것이다. 즉, 사회는 노년이 지닌 가치와 의미를 새롭게 발견할 수 있도록 노인들을 고려해야 한다는 것이다.

---

1   그륀, 『황혼의 미학』, 16.
2   Ibid., 17.

그래야 노인들이 우리 사회를 위한 축복이 된다.[3]

젊었을 때 치열하게 삶을 살아 내지 못한 것들이 너무 많이 남아 있다고 생각하는 노년은 참다운 삶을 산다는 것이 어려울 수 있다. 왜냐하면, 채워지지 않은 많은 욕구를 지닌 채 노년의 문턱을 넘어섰기 때문이다. 그리고 이러한 불만족스러운 마음은 노년의 눈이 과거로 이끌릴 수 있다는 것 때문이다.[4] 따라서 노년에 대해 주의 깊게 사색해야 하는데 자신의 삶의 의미는 무엇인지, 어떻게 하면 현재(내가 처한 상황과 나이)를 의식하며 의미 깊게 살 수 있는지 물어야 한다.[5] 노년기에 계획이 없으면 그들은 올바른 길에서 벗어나기 쉽다.[6]

우리가 과거를 되돌아보고 그 과거를 향하는 여러 가지 감정을 고스란히 느끼는 것은 유용하고 가치 있는 일이다."[7] 그런데도 "회고적 감정은 잘못된 길로 들어설 가능성도 있다."[8] 후회나 죄책감 같은 것, 또는 분노의 감정이 솟아날 때는 그 부분에 영향을 주었을 만한 사람을 생각하며 그에 대하여 흉을 보기도 한다. 미운 감정이 일어나고 화가 난다.

그리고는 마음 한구석에서는 "복수를 생각한다."[9] 복수 속에 질투가 포함되어 있다고 볼 때 질투는 "다른 이가 잘 되는 것에 대해 슬퍼하는 것"이다.[10] 질투는 사소하게 보일지 모르지만 모든 것을 삼켜버릴 수 있는 것이고 자기 파괴적이 될 수 있다. 그 이유는 질투하는 자가 즐길 수 없는 것은 누구에게도 허용되지 않기 때문이다.[11]

---

3   그륀, 『황혼의 미학』, 19-21.
4   Ibid., 16.
5   Ibid., 14.
6   누스바움. 레브모어, 『지혜롭게 나이 든다는 것』, 16.
7   Ibid., 152.
8   Ibid., 154.
9   누스바움. 레브모어, 『지혜롭게 나이 든다는 것』, 153.
10 기니스, 『소명』, 206.
11 Ibid., 208-209.

이러한 회한의 감정들을 극복하지 않으면 안 된다. 주어진 상황 속에서 계속 의의 열매 곧 거룩함에 이르는 열매(롬 6:22)를 맺는 제자도의 삶을 살아 내는 것이 인생의 본분이기 때문이며, 삶의 모든 세부적인 영역에서 제자의 삶을 행하지 않는다면 신앙의 실제적, 경험적 단계를 찾아볼 수 없게 되기 때문이다.[12]

1) 노령화에 대한 사회적 담론

인간은 나이가 들면서 더 유능해지는가?
아니면 더 초라해지는가?[13]

이런 질문 등으로 21세기를 사는 현대에 노령화에 대한 우려의 담론이 회자되고 있지만, 노년에 대한 연구는 이제 막 상승 곡선에 있다. BC 45년에 벌써 나이 듦에 대한 편지를 주고받는 형식의 저작이 있었다. 그러나 빠르게 변화하는 오늘날의 세상에서도 그 저작이 변함없는 의미를 지닌다.[14]

그런데도 이제야 고령화에 대한 연구가 심도 있게 이루어지고 있다는 것은 이해가 잘 되지 않는 영역이다.

나이 듦에 관한 우리 사회 담론들은 고정관념으로 가득 채워져 있으며, 그 고정관념은 대부분 나이 든 사람은 추하고 무능하고 쓸모없다고 치부하는 모욕적인 내용이다.[15]

노인에 대한 고정관념 가운데 가장 유해한 것 한 가지는 노인들에게 주체성이 없다는 것이다. 그런 고정관념에 따르면 노인들은 그저 운명의 희

---

12 윌라드, 『하나님의 모략』, 390.
13 누스바움·레브모어, 『지혜롭게 나이 든다는 것』, 9-10.
14 Ibid., 9.
15 Ibid., 209.

생양일 따름이다."¹⁶

자연에서 노년기는 약함을 나타내는 게 사실이지만, 정신적으로 노년기는 완전한 성숙의 시기이고, 정신은 이 성숙 안에서 정신의 통일로 돌아간다.¹⁷

2) 노령화에 대한 연구

고대 시대의 사람 "아리스토텔레스는 노인들이 자신의 과거에 대해 이야기 하는 걸 좋아한다고 주장했다. 하지만 그가 노인들이 자기를 이해하기 위해 과거를 연구한다고 생각한 흔적은 없다."¹⁸

그리고 마르쿠스 툴리우스 키케로(Marcus Tullius Cicero, BC. 106-43년)의 『노년에 관하여 우정에 관하여』라는 대화 형식의 저작이 있지만, 노인의 자기 이해든지, 노년의 삶이라든지 등에 관한 깊은 연구는 아니었다. 나이 듦의 복잡성을 충분히 보여 주지 못한다는 것 때문이다.¹⁹

또한, 프랑스 작가인 피에르 코르네유는 1600년대에 쓴 그의 작품에서 이렇게 말한다.

> 오 분노여!
> 오 절망이여!
> 오 늙음이라는 적이여!

---

16 누스바움 · 레브모어, 『지혜롭게 나이 든다는 것』, 210.
17 G.W.F. 헤겔, 『역사철학 강의』, 권기철 역 (서울: 동서문화사, 2021), 113.
18 누스바움 · 레브모어, 145.
19 Ibid., 211.

노년에 당하는 치욕을 한탄하고 헛된 장식이 된 늙은이는 이제 떠나라고 쓰고 있다.[20] 그렇지만 그 역시 노년에 대한 연구의 흔적은 없다. 현재까지 노인들의 문제가 사회적으로 이슈화되지 않았었기 때문에 노년에 대한 깊은 연구가 없었다. 노인이 사회적 이슈가 되기 시작한 것은 산업화가 어느 정도 안정적인 궤도에 오르면서 복합적 부담으로부터 논의가 시작된 것이다.[21]

그러면서, 노령화 혹은 고령화에 대한 연구가 진행되고 있는데, 대다수가 노인 복지에 중점을 둔 연구이며, 계속 진지한 연구들이 진행되고 있는 것을 볼 때 머지않아 노인에 대한 전인적인 대안들이 나올 것으로 기대된다. 프란시스 쉐퍼가 그의 책에서 노년을 지칭한 것은 아니지만 사회적 관점으로 어른들(노년)이 다음 세대에 대해 생각하게 하는 의미 있는 말을 다음과 같이 했다.

> 젊은 그리스도인들에게 가르침으로써 획일적인(monolithic) 20세기 문화에 직면해 있는 그들을 준비시켜야 한다.[22]

역사적 기독교 입장을 다음 세대에서도 계속 지니게 되기를 기대하기 때문이라는 것이다. 그래서 그리스도인은 그리스(Greek)의 어떤 형이상학 체계처럼 자신의 토대 위에 멋지게 균형 잡힌 체계를 제시하는 것에만 관심을 써서는 안 된다. 오히려 현실과, 즉 자신의 세대와 다음 세대가 질문하는 문제의 현실과 끊임없이 접촉을 갖는 일에 관심을 가져야 한다.[23]

---

20 피에르 코르네유, 『코르네유 희곡선』, 박무호 외 4인 역 (서울: 이화여자대학교 출판부, 2006), 44-45.
21 최선호, 『한국 현대 노년 소설 연구』(경기도: 국학자료원 세미, 2019), 87-88.
22 프란시스 쉐퍼, 『기독교 철학 및 문화관』, 생명의말씀사 역 (서울: 생명의말씀사, 1996), 214.
23 쉐퍼, 『기독교 철학 및 문화관』, 215.

세계적으로 그리스도인의 자녀들까지도 역사적인 기독교의 영향을 받지 못한 것에 대한 문제를 진지하게 고민해야 한다. 노인들, 즉 부모들이 자녀들을 이해하고 있지 못하다는 것이다. 그래서 자녀들이 필요로 할 때 그들을 도울 수 없어서 젊은이들이 예수님의 생명의 역사성을 부여받지 못하고 있다는 것이다. 영적인 문제를 빼놓는다면 지적이든 물질적이든 어떤 유산을 다음 세대에 물려준다고 해도 큰 유익이 없다는 것을 노년에 직시해야 한다. 자식을 양육하는 일을 농사에 비유하여 말하기도 한다.

"자식 농사가 쉽지 않다."

키케로는 노후에 즐길 수 있는 일, 마지막 노령에 이를 때까지 나이에 구애받지 않고 활동할 수 있는 일 중의 하나가 농사짓는 것이라고 했다.[24] 농사가 쉽지 않지만, 노년에 영적 사안으로 농사의 일에 비유되는 기도와 함께 연결하여 다음 세대인 자녀들과 사회를 위해 기쁨 짓는 삶으로 축복의 통로가 된다.

2. 이론적 기초: 노년에 겪는 문제들

현재 노인들에 대한 사회적 인식은 상당히 부정적이다.[25] 노년에 대한 사회적 시각과 노인 자신들의 인식의 변화가 반드시 필요하다[26]는 데서도 엿볼 수 있다. 무엇보다도 육체적 힘이 저하됨으로 여러 가지 일이 귀찮게 여겨진다는 것이다. 이러한 일들이 반복될 때 무기력감이 생기고 자신도 모르게 체념적 삶의 상태에 들어가게 된다.

---

24 키케로, 『노년에 관하여』, 72.
25 프란시스 쉐퍼, 209.
26 최선호, 『한국 현대 노년소설 연구』, 8.

키케로는 그의 저서에서 노년이 비참해 보이는 네 가지 이유를 말한다.

> 첫째, 노년은 우리를 활동할 수 없게 만든다.
> 둘째, 노년은 우리 몸을 허약하게 한다.
> 셋째, 노년은 우리에게서 거의 모든 쾌락을 앗아간다.
> 넷째, 노년은 죽음에서 멀리 떨어져 있지 않다는 것이다.[27]

1) 자아정체성의 위기

현대의 노년에 대한 세속적 관점을 주의 깊게 살펴볼 필요가 있다. 왜냐하면, 대중문화가 이미 상품으로 불려지는 경제 사업 가치로 전락한 상황에서 사람도 하나의 도구에 지나지 않는 경제 가치로 보려는 시각들 때문이다.[28] 여기에는 존재에 대한 부조리가 발생하게 되고, 부조리가 사회를 지배하게 된다는 말이 나오게 된다. 그리고 현대의 불신 문제가 파생된다.[29] 존재의 부조리 측면에서 볼 때, 사실상 노년의 세대와 젊은 세대 간에 갈등과 불신의 문제가 이미 심화되었다.[30]

제러미 리프킨(Jeremy Rifkin)은 그의 책에서 사유재산이란 한 인간이 사회에서 차지하는 비중을 뜻했고 또한 '인간을 재는 잣대'로 오랫동안 간주되었던 세상에서, 소유 체제가 접속 체제로 바뀌면 우리 스스로를 다스리는 방식에도 근본적인 변화가 일어날 수 있다고 말한다. 여기에는 노년의 문제도 포함된다. 소유의 의미가 퇴색하게 되면 인간 본성에 대한 우리의 생각이 크게 달라질 수 있다.

---

27 키케로, 『노년에 관하여 우정에 관하여』, 29.
28 윌라드, 『하나님의 모략』, 33-34.
29 Ibid., 35.
30 그륀, 『황혼의 미학』, 18, 15.

그리고 접속을 중심으로 돌아가는 세계는 지금과는 판이하게 다른 인간형을 만들어낼 가능성이 높다.[31] 모든 관계를 경제적 관계로 만들려는 상업 영역의 집요한 의지를 목격한다. 인간 문화의 상품화는 고용의 성격에도 근본적인 변화를 가져온다."[32]

그러니까, 소유의 개념이 접속 체제로 바뀌게 되는 것을 말하는 것인데, 모든 사람이 이런저런 형식으로 거미줄처럼 연결된 네트워크 안에 들어가 있을 때 모든 시간은 영리적 시간이 되어 버린다.[33] 이렇게 시간을 영리적으로 따질 때 노인은 소외되고, 쓸모없어지고, 부담이 되는 대상으로 치부 당하게 된다.

기계 문명이 발달한 지금, 결과와 이익만 쫓느라 우리가 잃어버린 것은 바로 인생의 '목적'인지도 모른다.[34] 자아 정체성의 위기는 소명 의식과도 관계되어 제자도의 삶에 심대한 영향을 끼치게 된다.

진정한 부는 물질적인 것으로만 정의되지 않는다.

약간의 차이는 있지만 어떤 형태의 부는 보편적으로 선한 것으로 여겨진다. 건강, 사랑과 강한 유대감으로 결합된 가족, 서로에 대한 존중과 같은 것이 그렇다.[35]

부 창출 시스템을 사회의 기본 시스템이라고 한다면, 실천적 조력 시스템은 사회, 문화, 종교, 정치 등이라 할 것이며, 기본 시스템과 실천적 시스템이 조화를 이루어 상호작용함으로써 문명 또는 삶의 방식을 형성하게 된다.[36] 이렇게 문명 또는 삶의 방식을 형성하게 되는 진정한 부의 창출이 단독적으로 존재할 수 없는 것처럼 노인이 소외되거나 쓸모 없이 여

---

31 제러미 리프킨, 『소유의 종말』, 이희재 역 (서울: ㈜민음사, 2008), 14.
32 Ibid., 17.
33 Ibid., 19.
34 토마스 아키나리, 『압축 고전 60권』, 오민혜 역 (서울: ㈜알에이치코리아, 2021), 29.
35 앨빈 토플러, 『부의 미래』, 김중웅 역 (경기도: 청림출판, 2007), 37.
36 토플러, 『부의 미래』, 7.

겨진 부의 창출이란 생각할 수 없다.

그런데도 현대인들은 노인에 대한 이해가 많이 부족한 상태에 있어서[37] 경제적 부담으로 생각하는 경향이 강하다. 또한, 노인 자신들도 노년에 대한 이해가 안 되어 있어서 마음으로는 그렇지 않으면서 겉으로는 자신을 골치거리라고 말하곤 한다. 프랑스 작가 보들레르의 "노파의 절망"이라는 작품에서 한 노인의 정체성 문제를 엿본다.

그 귀여운 갓난아기를 보자, 쭈글쭈글한 노파는 기뻐 어쩔 줄을 몰랐다. 누구나가 좋아하고 비위 맞춰주고 싶어 하는 이 사랑스러운 존재는 이 노파처럼 그렇게 연약하며, 그녀처럼 이도 머리카락도 없었다.

그래서 노파는 아이에게 다가가 활짝 웃는 얼굴을 보이려고 했다.

그러나 늙어 빠진 착한 여자가 어루만지자 아이는 겁이 나 발버둥 치며 집이 떠나가라 왕왕 울었다. 그것을 본 착한 노파는 늘 들어앉은 고독 속으로 다시 물러나 한쪽 구석에서 눈물을 흘리며 이렇게 중얼거렸다.

아, 우리 불행한 노파는 저 순진무구한 어린것에게 조차 사랑받지 못하는 나이가 되었구나!

우리가 사랑하고 싶어도, 어린 것들은 우리를 무서워하는구나![38]

2) 핵심 문제

노년에 있어 핵심적인 문제는 제자도의 삶이 실천되지 않는 데 있다. 준비 없이 노년에 접어들어서 복합적 요인으로 인해 무기력감으로 인한 상실된 마음 때문이다. 노인들은 고집이 세고, 불안해하고, 화를 잘 내고, 괴팍스럽다고들 한다. 어떤 면에서는 노인들은 인색하기까지 하다. 그렇

---

37 누스바움 · 레브모어, 『지혜롭게 나이 든다는 것』, 207.
38 샤를 피에르 보들레르, 『악의 꽃/파리의 우울』, 박철화 역 (서울: 동서문화사, 2018), 306.

지만 이런 것들은 성격상의 결함이지 노년의 결함이 아니다. 그런데도 노인들은 자신들이 멸시당하고 무시당하고 조롱당한다고 생각한다. 그 밖에 몸이 허약해지면 사소한 공격도 귀찮아지는 법이다.[39]

또한, 관찰로 볼 때 남들의 평가, 사회적 지위, 자녀들의 성공 여부, 물질적인 번영, 성과 등에서 가치 규정을 하려 하면서[40] 내면의 평안을 찾는 것을 볼 때 노년의 그리스도인들도 주님을 믿지 않는 세상 사람들과 별반 다르지 않다.[41] 이는 노년의 그리스도인들이 제자도를 바로 이해하지 못하고 있기 때문이거나, 이해하면서도 노년에 겪고 있는 문제들로 인한 상실감으로 제자의 삶을 포기한 것 때문이다.

노년에 대한 이론적 기초에서 문제를 해결하는 것 이상으로 적당한 문제를 제시하는 것이 더 중요한 역할을 하는 경우가 많으며 학문의 발전을 훨씬 크게 하는 경우가 오히려 많다.[42] 따라서 노년의 제자의 삶이 실천되지 않는 이유에 대해 네 가지 가지 분야, 구원의 확신, 자아 정체성, 소명, 기도-중보기도에 대한 문제 제기와 함께 이에 대한 대안으로 이 네 가지 분야를 강화함으로써 노년에도 제자의 삶을 실행하는데 문제점들이 해결되며, 새로운 삶의 도전이 일어나게 됨을 연구 방향에서 서술한다.

---

39 키케로, 『노년에 관하여』, 75.
40 그륀, 『황혼의 미학』, 83.
41 켈러, 『기도』, 42.
42 김민형, 『수학이 필요한 순간, 인간은 얼마나 깊이 생각할 수 있는가』(서울: ㈜인플루엔셜, 2020), 117.

3. 연구 방향

요한복음 8:31-32에 보면, 너희가 내 말에 거하면 참으로 내 제자가 되고 진리를 알지니 진리가 너희를 자유게 하리라 하는데, "제라" 라는 말은 신약성경에 269번 나온다. 그리고 "그리스도 인" 은 세 번 나오는데, 정확히 예수의 '제자'들을 지칭하는 말로 처음 등장했다.[43]

신학(theology)이라는 용어의 원래 의미는 '기도 속에서 하나님과 연합'(union with God in prayer)이다.[44] 그리스도인이라는 말과 예수님의 제자라는 말이 함께 쓰인다는 것을 생각하면서 노년의 제자도를 말할 때 예수님, 곧 하나님과의 연합은 불가분의 관계라는 것을 알 수 있다. 연합적 관계가 기도 속에서 이루어진다는 점에서 제자의 도는 성경적·신학적 관점에서 논의 되어야 한다.

또한, 제자도는 하나님과 친밀함 가운데 삶을 살아가는 것임을 말한다. 그리스도인 이란 예수님을 만나기 전에는 자신의 인생을 살았지만, 그러나 예수님을 만난 이후로부터 예수님이 다스린다[45]라는 것을 고백하는 사람이다.

그러므로 제자의 도는 그리스도인 모두가 따르게 되는 길이다. 그런데도 현대를 살아가고 있는 많은 그리스도인, 특히 "우리 시대의 가시적인 기독교 기관들에 관한 한, 제자도는 정녕 있어도 그만 없어도 그만이 되어버렸다."[46]

그리스도인들이 제자도의 길에 서지 않으면 자신이 어디로 가는지 그리고 자신의 가치관이 무엇인지 혼돈 속에 빠지게 되고 자신의 정체성에 무관심하게 되거나 그것을 잃게 된다. 그렇다면, 사람의 제일 된 본분인 하나

---

43 달라스 윌라드,『잊혀진 제자도』, 윤종석 역 (서울: 복있는사람, 2019), 21.
44 헨리 나우웬,『예수님의 이름으로』, 두란노 출판부 역 (서울: 두란노, 1998), 44.
45 오르티즈,『제자입니까』, 32.
46 달라스,『잊혀진 제자도』, 22.

님의 영광을 위해 사는 것이 아니라 자신의 사업을 위해 사는 것이다.[47]

제자도의 소명은 "들을 귀 있는" 모든 이를 향하고 있는 것이 분명하다.[48] 제자의 삶을 회복하고 제자도의 삶을 강화하기 위한 연구를 위해서 다음의 네 가지, 구원의 확신과 그 중요성, 정체성, 소명, 그리고 기도, 분야를 연구 방향으로 정한다.

1) 구원의 확신과 그 중요성

"우리의 확신에는 여러 형태가 있으나 우리 마음속에 부은 바 된 하나님의 사랑에 의해 산출된 확신이 최고의 것이다."[49]

로마서 5:8에 보면, "우리가 아직 죄인 되었을 때 그리스도께서 우리를 위하여 죽으심으로 하나님께서 우리에 대한 자기의 사랑을 확증하셨느니라"고 한다. 그리고 마태복음 1:21에서는 "아들을 낳으리니 이름을 예수라 하라 이는 그가 자기 백성을 그들의 죄에서 구원할 자이심이라 하니라"고 말씀함으로써 성경은 하나님의 백성의 죄를 명백하게 지적하고 있으며,[50] 그 죄에서 구원함을 받아야 한다는 것을 밝히고 있다. 그리고 그 죄에서 백성을 구원할 분은 예수이시며 하나님의 사랑을 우리에게 확증시켜 줄 분이라고 밝히고 있다.

> 동양 종교들이 가르치듯, 하나님이 비인격적인 분이라면 사랑은 환상에 지나지 않는다. 본시 사랑이라는 게 둘, 또는 그 이상의 주체들 사이에서

---

47 오르티즈, 『제자입니까』, 97-98.
48 리처드 헤이스, 『신약의 윤리적 비전』, 유승원 역 (서울: 한국기독학생회출판부, 2015), 143.
49 D. M. 로이드 존스, 『성령론』, 홍정식 역편 (서울: 새순출판사), 1990, 285.
50 칼빈, 『기독교 강요 상』, 369.

일어나는 법이기 때문이다.[51]

하나님은 사랑이시다(요일 4:8). 그리고 이 사랑은 우리에게 실재이며 제일이다(고전 13:13). 구원에 있어서 우리 자신이 어떤 상태에 있었고, 어떻게 구원을 받았는지를 분명하게 알아야 한다.[52] 인류 전체는 아담 안에서 부패했고, 본질상 진노의 자녀로 하나님 없이 살아왔는데[53] 예수 그리스도 안에서 부르심을 받고 믿음으로 구원받게 되었다. 구원과 관계없는 삶이라면 아무리 활기찬 삶을 살았고, 많은 것을 누리고 살았다 할지라도 하나님과 관계없는 인생이 되어 마지막에 깊은 수렁에 빠질 수 밖에 없다(눅 12:16-21 참고). 음부에서 고통당하는 상황에 처할 수 있는(눅 16:19-24 참고)것으로써 슬픈 삶인 것이다.[54]

그러므로 노년에 이르러 구원의 문제를 점검하고 확신을 갖는 것은 대단히 중요하다. 구원의 확신은 소명을 따르는 제자의 삶에 무엇보다도 우선되는 토대가 된다. 참 신앙은 단순히 진리에 대한 "관념적인" 이해와 지적인 동의로만 이루어진 것이 아니다. 사랑과 희락과 기쁨과 평강과 갈망과 같은 감정이 역동하는 "마음의 지각"(sense of heart)이라야 한다.[55]

명목상의 그리스도인들은 자신들이 지금까지 복음을 이해한 적도, 거듭남을 경험한 적도 없음을 알게 된다. 또한, 그리스도와의 살아 있는 관계 속에 들어가지 못했다는 것을 알게 된다."[56] 팀 켈러는 마틴 로이드 존스가 복음 사용을 어떻게 했는가를 소개하는데, "거듭난 그리스도인들도

---

51 켈러, 『기도』, 81.
52 칼빈, 『기독교 강요(상)』, 371.
53 Ibid., 372.
54 Ibid., 491, 492.
55 샘 스톰즈, 『우리 세대를 위한 조나단 에드워즈 신앙감정론』, 장호준 역 (서울: 초서출판 복 있는 사람, 2019), 40.
56 켈러, 『센터처치』, 169.

성장하려면 복음의 능력을 지속적으로 느끼고 회심의 경험을 반복적으로 경험해야 한다"[57]라고 했다. 명목상으로 또 종교인으로서의 기독교를 믿어서는 구원이 무엇인지를 정확하게 알 수 없다. 왜냐하면, 종교로서의 기독교는 사회적 혹은 문화적 논리에 따라 변화하는 동일 집단(코호트)의 세속적 삶의 형태일 뿐이기 때문이다. 동일 집단은 힘의 논리를 따라 사태 변화를 위해 토착화의 길을 선택한다. 즉, 자신의 이익을 따라 신앙도 움직일 수 있다는 것이다.

오늘날 한국 교회가 갖고 있는 심각한 문제 가운데 하나는 일부 성도들 신앙 양태가 인본주의라는 데 있다. 하나님의 영광보다는 인간의 성공과 행복이 신앙생활의 목표가 되고 있다."[58]

새뮤얼 헌팅턴에 따르면, "산업혁명 이후 도시화가 이루어지고, 인간의 삶의 터전이 바뀌면서 새로운 관계 형성으로 새로운 정체성에 대한 뿌리를 내리기 위한 방편으로, 안정된 공동체의 새로운 형식, 의미와 목적을 부여하는 새로운 도덕률 등 이러한 욕구에 부응할 수 있었던 것이, 어떤 종파가 되었던, 종교였다."[59] 그리고 "문명을 정의하는 객관적 요소 중에서 가장 중요한 것은 종교라 할 수 있다"라고 말하면서, "역사 속에서 문명은 사람들에게 가장 폭넓은 자기 동일성의 틀을 제공하였다"[60]는 것이다.

여기에서 '자기 동일성의 틀'을 종교적 틀로 말하고 있다. 왜냐하면, "문명은 언어, 역사, 종교, 관습, 제도 같은 공통된 객관적 요소와 사람들의 주관적 귀속감 모두에 의해 정의 된다"[61]라고 했기 때문이다. 또한, 현대는 "통신(인터넷), 무역, 여행의 증가로 문명과 문명의 접촉이 비약적으로

---

57 Ibid., 168.
58 정성욱, 『한국 교회, 이렇게 변해야 산다』, 97.
59 헌팅턴, 『문명의 충돌』, 124-125.
60 Ibid., 45.
61 Ibid., 49.

늘어나면서 사람들은 차츰 자신들의 문명적 정체성에 더 큰 중요성을 부여한다"[62]라고 하면서, "문명은 궁극적 인간 종족"[63]이라고 하기 때문이다. 이러한 종교적 틀 안에서의 신앙관을 믿음이라 할 수 없다. "오늘날 믿음(헬라어로 pistis피스티스)은 심각하게 오해되고 있다."[64] 믿음이 오해되었을 때 구원의 확실성은 흔들릴 수밖에 없다.

> 믿음에 대한 오해와, 믿음을 신비한 경험이나 체험과 동일시 하는 것이나, 믿음이란 무조건 믿는 것이라 생각하는 태도는 현재 한국 교회에 전반적으로 퍼져 있는 상태. 성경이 말하는 바른 믿음은 우리의 믿음의 대상이신 예수 그리스도에 대한 바른 지식에 기초하여 신뢰하고 예수님과의 인격적 관계를 맺으며, 진정한 의미에서의 종교적 경험과 체험을 통해 그 지식과 함께 삶을 살아가는 것이다.[65]

히브리서 6:9에서는 이렇게 말씀한다.

> 사랑하는 자들아 우리가 이같이 말하나 너희에게는 이보다 더 좋은 것 곧 너희에게 구원에 속한 것이 있음을 확신 하노라(히 6:9).

이는 그리스도인이 가시와 엉겅퀴를 내는 자들의 버림 당하는 그리스도의 도의 초보를 버리고 완전함 가운데로 나아갈 수 있도록 견고한 믿음 - 구원의 확신 - 을 소유하도록 권고하는 말씀이다.

---

62 Ibid., 85.
63 Ibid., 177.
64 정성욱, 『한국 교회, 이렇게 변해야 산다』, 158.
65 Ibid., 158-163.

하나님 백성의 구원은 성경 말씀 안에서 확인되어야 하고,[66] 참된 믿음으로 자라야 하고, 참된 실천적 삶을 통해 하나님의 영광을 드러내야 한다.[67] 어떤 사람들은 믿음에 일시적인 인식을 보일 수는 있다. 그들은 뿌리 없는 나무 같아서 몇 해 동안 지나면 시들어 버리고 만다. 열매를 바랄 수가 없다는 것이다.[68]

노년에 믿음의 확고 함과 확신이 없는 구원 상태는 위험한 상태에 놓여 있는 것과 같다. 성경의 메시지는 문화와 역사적 시대와 관계없이 모든 인류를 위한 것으로서 역사적 시기와 문화를 초월하여 이해하고 의사소통할 수 있는 것이다.[69] 그렇지만, 성경을 잘못 해석하고 전함으로 바른 믿음을 방해하여 구원의 확신을 갖지 못하게 한다.

교회에 다니는 성도들이 구원의 확신을 갖지 못하고 지옥에 갈까 두려워 떠는 경우가 점점 늘어나고 있는 추세다. 이런 상담은 대부분 666, 배리칩, 일루미나티 등의 시한부 종말론과 음모론 레퍼토리와 긴밀하게 연결되기도 한다."[70]

하나님과 인간 문화의 상호 작용에 대한 성경적 역사를 살펴보면서 그 다양한 구성 요소들에 관한 성경의 가르침을 바르게 배워야 한다.[71] 그렇지 않으면, 문화적 관념에 미혹된 믿음에 빠질 수 있다. 히브리서 3:10을 보면, "그러므로 내가 이 세대에게 노하여 이르기를 그들이 항상 마음이 미혹되어 내 길을 알지 못하는도다"라고 지적한다. 미혹됨이 없고 흔들림 없는 구원의 믿음은 노년의 제자도의 삶을 완수하는 토대인 것이다.

---

66 박영선,『하나님의 설복』, 69 참고.
67 정성욱,『한국 교회, 이렇게 변해야 산다』, 162.
68 칼빈,『기독교 강요 중』, 33.
69 윌리엄 라킨,『문화와 성경 해석학』, 정득실 역 (서울: 생명의말씀사, 1962), 254.
70 양형주,『정말 구원받았습니까』(서울: 브니엘, 2021), 13.
71 라킨,『문화와 성경 해석학』, 255.

(1) 하나님이 창조한 인간: 참된 자아

노년에 들어서서 자신의 원래 참된 자아가 어떤 상태였는가?

이를 확인하고 바로 아는 것이 중요하다. 왜냐하면, 정체성 회복과 소명을 따르는 삶에 대한 소망의 동기가 되기 때문이다.

> 태초에 하나님이 천지를 창조하시니라(창 1:1)

말씀한 대로 삼위일체 하나님께서 인간을 하나님의 형상대로 창조하셨다(창 1:26-27, 2:7). 하나님의 형상으로 창조된 사람은 역동성을 닮을 뿐 아니라, 하나님이 갖고 계신 영생과 사랑과 영광을 함께하는 사람이 되어야 했다.[72]

인간 창조의 기사를 보면, "하나님이 이르시되 우리의 형상을 따라 우리의 모양대로 우리가 사람을 만들고"(창 1:26)라는 말씀에서 삼위일체 하나님께서 서로 의논하시고 참예하시고 연합하여 함께 인간을 창조하셨다. "이 같은 자기 구별은 그들이 인격적 관계에 들어갈 수 있다는 그러한 성질의 것임을 주목해야 할 것이다."[73]

하나님은 유일하신 참 하나님 한 분이신데, "한 분 하나님 안에 세 위격이라는 다양성을 담지하고 계신다. 그리고 그 다양성 속에서 자유롭고 자발적인 상호 관계를 함으로써 하나 됨과 통일성을 유지하는 분이시다."[74]

"연합적 친교의 공동체, 즉 커뮤니언을 그분의 존재 방식과 삶의 방식으로 갖는 삼위일체 하나님은 모든 다른 신과 절대적으로 구별되시며 기독교와 다른 종교를 뚜렷하게 구별해 준다."[75] 삼위일체 하나님은 창조하

---

72 탐 마샬, 『자유케 된 자아』, 예수전도단 역 (서울: 예수전도단, 2002), 157.
73 벌코프, 『조직 신학 개론』, 서윤택 역 (서울: 세종문화사, 1990), 75.
74 정성욱, 『삶에 적용하는 Life 삼위일체 신학』 (서울:홍성사, 2007), 61.
75 Ibid., 88.

신 자기의 친 백성과 인격적으로 교통하시며 진리로 거룩하게 하시며 사랑 안에 온전한 연합을 이루게 하신다(요 17장).

노년에 접어 들어섰을 때 삼위일체 하나님 곧 예수님이 우리 인간(나)을 창조하셨다(요 1:1-3)는 사실을 상기해야 할 필요가 있다. 많은 노인들이 그냥 하나님이 창조했다는 생각으로 예수님의 창조하심에 대해서 소홀하게 생각하는 경향이 있다. 그러다 보면, 예수님의 십자가의 죽음과 부활에 대해 소홀히 여기게 된다.[76] 노인 사역의 경험으로 보면, 노인 자신과 예수님에 대한 관계가 깊은 연합에 이르러야 하는 것을 소홀하게 생각한다. 아예 생각지 않고 그냥 하나님 믿고 천국 가면 된다는 생각이 많다.

예수 그리스도의 제자 된 삶을 살기 위해서는 예수님과 연합된 친밀함이 없이는 행할 수 없다. 예수님을 잘 모르고서는 하나님을 잘 알 수 없고, 하나님과의 만남에 대한 믿음이 없고서는 자신이 누구인지, 어떻게 창조되었는지, 자신의 참된 자아를 알 수 없다. 우리 자신에 대한 인식이 없이는 하나님에 대한 명백하고 완전한 지식을 가질 수 없기 때문이다.[77]

이 일에 대하여 창조의 역사에 함께하신 성령께서(시 104:3 참고) 깊이 개입하기를 원하신다. "성령이 아니하고는 누구든지 예수를 주라 할 수 없느니라"(고전 12:3)하신 말씀으로 비추어 보면, 예수님이 주라는 사실을 알게 하는 분은 성령이시다. 우리가 예수 그리스도에 대하여 진실되고 살아 있는 지식을 얻게 되는 것은 직접 우리 마음에 증거하시는 성령님을 통해이다(고전 12:3).[78]

성령의 은혜로 예수님이 나의 창조주이며 구원의 주 이심을 알게 되고, 알아진 때에 진실한 믿음이 일어나고, 믿음으로 구원에 이르게 된다. 그

76　정성욱, 『한국 교회, 이렇게 변해야 산다』, 105.
77　존 칼빈, 『기독교 강요(상)』, 김종흡 외 3인 공역 (서울: 생명의말씀사, 1997), 286.
78　R. A. 토리, 『너희가 믿을 때에 성령을 받았느냐』, 이석산 역 (서울: 한국양서, 1989), 105.

러므로 구원은 전적인 하나님의 은혜이다. 이후 구원받은 사람의 삶은 선행이 따라오게 된다.[79] 이 삶을 가리켜 제자의 삶이라 한다.

인간은 하나님의 내적 역동성을 닮은 형상으로 지음 받았고, 그 내적 역동성은 우리에게 사랑으로 계시되었다(요일 4:8). 그래서 인간은 그 존재의 중심이 사랑으로 지어졌다 하는 것이다.[80] 노년의 시기에 확인하고 점검해야 할 일은 하나님께서 예수님을 통해 우리에게 아낌없이 부어 주시는 사랑을 계속 받고 있는지를 스스로 확증해야 한다(고후 13:5).

우리들은 반드시 우리들의 진정한 가치에 대한 하나님의 선언을 받아들임은 물론, 우리들 스스로에 대한 진가에 대해 믿음을 가지고 이해함으로써 불신앙을 대치하여야 하고, 대치된 새로운 자세로 살아가기를 지속해야 한다.[81]

로마서 5:8은 이렇게 말씀한다.

> 우리가 아직 죄인 되었을 때에 그리스도께서 우리를 위하여 죽으심으로 하나님께서 우리에게 대한 자기의 사랑을 확증하셨느니라(롬 5:8).

노년에 무기력한 것 같고, 쓸모없다고 생각되는 허무함 가운데 있다 할지라도 하나님은 여전히 사랑하신다.

삼위일체 하나님의 본성과 그 형상을 좇아 지음 받은 인간의 존재는 삶 자체가 관계일 수밖에 없음을 시사한다.[82]

하나님은 우리(나)를 왜 이처럼 사랑하시나?

---

79 정성욱,『한국 교회, 이렇게 변해야 산다』, 177-181.
80 마샬,『자유케 된 자아』, 154.
81 탐슨,『내 마음의 벽』, 245.
82 팀 켈러,『일과 영성』, 최종훈 역 (서울: 두란노서원, 2015), 277.

지성적으로 질문하면서 확인해야 한다. 그리고 "온전한 지성 위에 온전한 영성을 세워야 한다."[83] 이것은 구원과 확신의 기초이다. 인간의 탁월하며, 하나님의 영광의 거울로 간주되어야 할 기능들을 보다 명백하게 알지 못한다면, 아직 '형상'(하나님의 형상의 참 성질)에 관한 정의는 충분히 내려졌다고 볼 수 없다.[84]

계속해서 부르신 자들을 의롭다 하시고 의롭다 하신 그들을 또한 영화롭게 하신 하나님의 인도하시는 일에 정진해야 한다.

(2) 죄로 죽음: 원죄론

죄론(hamartiology) 그 자체는 죄의 개념을 표현하는 데 사용된 헬라어 가운데 하나인 '하마르티아'에서 유래하였다. … 이 말은 '하나님에 의해서 지시된 길이나 목적으로부터 이탈'을 의미한다.[85]

불순종이 타락의 시초였다는 것은 이미 분명한 사실이다. 사도 바울도 이점을 확인하고, 한 사람의 불순종으로 인하여 모든 사람이 죄인이 되었다고 가르친다(롬 5:19).[86] 인류의 시조인 아담이 하나님의 말씀을 경솔히 여겼던 것으로부터 시작된 "최초의 죄는 인간이 선악과를 먹음으로써 형성된 것이다. 이것을 먹었다고 하는 것은 하나님께서 먹지 말라고 금하셨기 때문에 바로 죄가 된다."[87]

창세기 2:1-17에서 명령한 하나님의 말씀을 창세기 3:6에서 어기고 말았다. 아담의 이 최초의 죄가 원죄이며, 바울이 로마서에서 말한 것처럼 모든 사람이 죄인이 되었고 존재의 모든 부분에서 전적으로 부패하게 되

---

83 정성욱, 『밝고 행복한 종말론』, 305.
84 칼빈, 『기독교 강요(상)』, 294.
85 와일리. 컬벗슨, 『웨슬리안 조직신학』, 193.
86 칼빈, 『기독교 강요(상)』, 368.
87 벌코프, 『조직 신학 개론』, 127.

었고[88] 죽음에 이르게 되었다. 아담이 그의 창조주와 연결되어 있던 것이 그에게 영적 생명이 되었던 것과 같이 창조주에게서 멀어진 것은 영혼의 죽음이 된 것이다.[89]

이에 대해 로마서 5:12는 이렇게 설명한다.

> 그러므로 한 사람으로 말미암아 죄가 세상에 들어오고 죄로 말미암아 사망이 들어왔나니 이와 같이 모든 사람이 죄를 지었으므로 사망이 모든 사람에게 이르렀느니라(롬 5:12).

(3) 하나님의 새 언약 - 구원으로 거듭난 인간

누가 구원하는가?

인간이 죄를 지었으므로 하나님의 진노 속에 있는 인간은 구속되어야만 한다. 이 구속은 인류의 시조인 아담이 범죄한 직후부터 하나님의 계획하신 일이다.

성경은 중생의 필요성에 대하여 우리에게 의심할 여지를 남겨 두지 않았다.[90] 창세기 3:21에서, "여호와 하나님이 아담과 그의 아내를 위하여 가죽옷을 지어 입히시니라"고 한 말씀에 구원의 계획이 들어 있다.

"구속의 가장 기초적인 원리는 값을 지불하고 사거나 대금이나 몸값을 치르고 되사는 원리로서"[91] "가죽옷을 지어 입히니라"의 의미는 예수 그리스도께서 십자가에 달려 흘릴 피 값으로 자기 백성을 구원하실 것을 바라보고 믿게 하는 것이다. 그러므로 거듭남은 믿음으로 되는 것이지 우리의 어떤 행위로 된 것이 아니다.

---

88 Ibid., 129.
89 칼빈,『기독교 강요(상)』, 369.
90 벌코프,『조직 신학 개론』, 221.
91 스타트 존,『그리스도의 십자가』, 지상우 역 (서울: 생명의말씀사, 1997), 233.

범죄로 타락한 인간의 구원은 절대적으로 창조주 하나님의 생명의 말씀에 따른 믿음이어야 한다. 하나님은 "허물로 죽은 우리를 그리스도와 함께 살리셨고(너희는 은혜로 구원을 받은 것이라)" 말씀하면서, "너희는 그 은혜에 의하며 믿음으로 말미암아 구원을 받았으니 이것은 너희에게서 난 것이 아니요 하나님의 선물이라"(엡 2:5, 8)고 선언하신다.

갈라디아서 1:4에서는 "그리스도께서 하나님 곧 우리 아버지의 뜻을 따라 이 악한 세대에서 우리를 건지시려고 우리 죄를 대속하기 위하여 자기 몸을 주셨으니"라고 하신다. 십자가의 죽음을 가리켜 자기 몸을 주셨다고 한 것이다. 예수 그리스도께서 죄에 빠진 백성을 구원하신다는 사실이 명백하다.

예수 그리스도의 구원 사역은 '그분은 하나님과 사람 사이의 중보자이시다'(딤전 2:5)라는 말로 요약된다.[92] 이 사실이 믿어지는 사람을 가리켜 거듭난 사람 즉 구원받은 사람이라고 말한다. 이 구원은 인간의 협력이 필요 없이 하나님 편에서 불가항력적으로 이루어 주신 은혜다.[93]

우리 자신이 아무런 일을 하지 않았어도 예수 그리스도께서 이루어 놓은 사실을 믿고 받아들임으로써 구원에 이른다. 그러므로 하나님의 사랑받는 자녀가 되었다. 성령이 친히 증언하신다(롬 8:16).

(4) **구원의 확신: 새 생명**

구원의 확신이란 논리적으로 말할 수 있는 것이 아니고, 믿음으로 되는 일이다. 믿음은 언제나 구원의 확신이 따르고 있는가 아닌가 하는 문제를 수반하고 있다.[94]

---

92 제임스 패커, 『은혜를 아는 지식』, 손영배 역 (서울: 쉴만한 물가, 2002), 93.
93 벌코프, 『조직 신학 개론』, 214, 222.
94 Ibid., 236.

조나단 에드워즈는 참된 믿음과 거짓된 믿음을 구별할 수 있어야 한다는 것을 중요하게 여기며, '생명력 없는 도덕주의'가 신앙을 대체하고 있는 것 때문에 '체험적 신앙'을 중요하게 취급하였다. 그것은 성령을 선물로 받은 사람들이 얻게 되는 복음 진리에 관한 새로운 감각(new sense) 또는 새로운 확신(new conviction)에 대한 것이다.[95]

에드워즈에 의하면, 믿음으로 구원을 얻은 자의 확신은 자기 성찰보다는 행위로 얻어야만 한다. 하나님은 인간이 자신의 부패성을 죽이고 은혜의 역사가 더 강해져서 은혜를 생생하게 맛보는 방법 외에는 사람들로 하여금 확신을 얻지 못하게 하는 것이다.[96]

창세기 15:6에서, "아브라함이 여호와를 믿으니 여호와께서 이를 그의 의로 여기시고"라고 말씀한 이때 아브라함과 그의 아내 사라는 나이가 많아 늙었고 사라는 여성의 생리가 끊어진 때였다(창 17:11 참고). 그런데, 하나님께서 아브라함에게 말씀하시기를 사라를 통해 낳을 아들, 이삭을 통해 자손이 하늘의 별같이 많으리라는 언약을 주셨고, 이에 아브라함이 믿었는데 이 믿음을 바랄 수 없는 중에 바라고 믿었다고 소개한다(롬 4:18).

그러면서 로마서 4:26에서 우리의 믿음에 대하여 말씀한다.

> 의로 여기심을 받을 우리도 위함이니 곧 예수 우리 주를 죽은 자 가운데서 살리신 이를 믿는 자니라(롬 4:26).

믿을 수 없는 중에 하나님의 은혜로 예수 그리스도를 믿고 구원받은 사람들은 이 복음을 따라 아브라함이 그랬던 것처럼 양육되고, 믿는 자 - 하

---

[95] 조나단 에드워즈, 『조나단 에드워즈 전집 제1권 신앙감정론』, 존 스미스 편집, 정성욱 역 (서울: 부흥과개혁사, 2020), 18-21.
[96] 에드워즈, 『신앙감정론』, 289.

나님의 돌보심 안에 있다는 것을 믿음 - 가 되면, 그리고 나면 부르심, 곧 소명을 따라 살아갈 가치와 힘을 갖게 된다. 성령의 내주하심으로 감정의 참된 표지로 그 삶이 나타나게 된다.[97]

구원의 확신이란 기도에 의해서 즉 하나님의 약속을 명상 함으로서 배양되는 것이며 성령의 열매가 증명해주는 진정한 그리스도인으로서의 생활이 발전해 나아감으로써 계발된다.[98] 노년에는 더욱 말씀을 꾸준히 읽고 묵상하면서 그 말씀에 따라 기도하는 일을 지속해야 한다.

천하 사람 중에 구원을 얻을 만한 다른 이름을 우리에게 주신 일이 없기 때문에(행 4:12) 오직 예수 그리스도께서 "어떻게 우리의 구원을 성취하시는 가를 진지하게 숙고해야 한다. 이것은 그가 우리의 구주이심을 확신하기 위해서뿐만 아니라, 또한 우리의 믿음에 대한 충분하고 견고한 토대를 얻으며, 우리를 어느 방향으로든지 이탈시킬 수 있는 모든 것을 배제하기 위해서이다."[99]

> 너희는 믿음 안에 있는가 너희 자신을 시험하고 너희 자신을 확증하라 예수 그리스도께서 너희 안에 계신 줄을 너희가 스스로 알지 못하느냐 그렇지 않으면 너희는 버림을 받은 자니라(고후 13:5).

이 사실은 성령께서 알게 하심이 아니고서는 도저히 알 수 없는 일이다. 성령은 진정으로 영적인 사람들 가운데 그 사람의 본성에 알맞게 내주하신다.[100] 그러므로 우리 안에 예수 그리스도께서 계신 것을 알고 믿는 사람은 육신의 일을 생각하기보다는 영의 일을 더 많이 생각하는 사람으

97　Ibid., 48.
98　벌코프, 『조직 신학 개론』, 237.
99　칼빈, 『기독교 강요(상)』, 695.
100　에드워즈, 『신앙감정론』, 49.

로 생활한다(롬 8:5).

갈라디아서 3:3에서는 "너희가 이같이 어리석으냐 성령으로 시작하였다가 이제는 육체로 마치겠느냐"라고 하면서 영의 생각을 더 많이 하면서 살아야 할 것을 권면한다. 그런데도 많은 사람이 세속적 인본주의에 빠져 자신이 주인인 양, 자신이 하나님인 양, 행세를 하고 있는 결핍된 마음을 갖고 있어서 행동에 나타나고 있다.

그러므로 복음과 성령이 우리 안에서 삶의 주체가 되게 하는 훈련을 통해 우리는 자연스럽게 심성에 배어 있던 극도의 결핍에서 벗어날 수 있다. 누구에게나 결핍된 마음이 있다.[101] 구원의 확신은 연구 방향에서 논하게 되는 다른 네 가지 주제에 대한 핵심으로서 유기적인 연합 관계에 있다.

계몽주의 시대 이래로 서구사회는 계속 신앙을 오해했다.[102] 그러므로 우리의 모든 노력을 기울여 참된 신앙을 분명하게 분별하고, 참된 신앙의 본질이 무엇인지 확립하는 것은 아주 중요하다.[103] 신앙생활에서 우유부단한 자세를 없애야 한다. 성령 충만을 받은 삶인지(엡 5:18)를 점검하면서 하나님에 대한 살아 있는 체험을 가져야 된다.[104]

> 우리가 역사적으로 알고 있는 성도들 또는 성경에서 특별하게 취급되는 성도들에게 확신이 있었다는 것은 보편적인 일이었음이 분명하다.[105]

예수 그리스도 안에서 구원의 확신으로 하나님을 알아갈 때 자신이 누구인지를 알고 소명을 따르게 되기 때문이다. 인간성이 현재와 같이 파괴

---

101 켈러, 『센터처치』, 144.
102 에드워즈, 『신앙감정론』, 76.
103 Ibid., 139.
104 로이드 존스, 『부흥』, 370.
105 에드워즈, 『신앙감정론』, 252.

된 상태에서는, 중보자이신 그리스도께서 하나님을 우리에게 화목시키지 않는 한, 하나님을 아버지로 알거나 구원의 창시자로 알 사람은 아무도 없다.[106] 하나님을 아는 지식은 신뢰와 경외를 포함하는 것[107]으로써 자신의 정체성을 알게 되는 지식으로 인도된다.

2) 정체성 확립

사람이 하나님의 모든 창조물 가운데서도 하나님의 의, 지혜, 선을 보여 주는 하나님의 형상을 닮은 가장 고귀하고 가장 두드러진 표본이다. 그러므로 우리 자신에 대한 인식이 없이는 하나님에 대한 명백하고 완전한 지식을 가질 수 없다.[108] 노년에 자신의 정체성을 확립하는 일에 있어 하나님의 창조와 그의 사랑 안에 있는 자신을 아는 것이 매우 중요하다. 인간은 하나님을 알지 못하고는 자신을 알 수 없다. 또한, 자신을 알지 못하고는 하나님을 깊이 알 수 없다. 세상은 "존재에 대한 부조리가 여러 세대의 지식인과 예술인 엘리트를 통해 이제 인류 전체의 운명이 되었다."[109]

세상 문화들은 정체성 곧 완성된 총체성을 이루지 못한다. 오히려 절대적이고 단일한 실체적 정체성을 의심하는 법을 배우게 한다.[110] 성경은 우리 자신이 누구인가를 분명하게 말씀한다. 로마서 8:16에 보면, "성령이 친히 우리의 영과 더불어 우리가 하나님의 자녀인 것을 증언하시나니"라고 함으로써 우리가 '하나님의 자녀'라는 것을 명확하게 밝혀준다. 이 정

---

106 칼빈, 『기독교 강요(상)』, 84.
107 Ibid., 85.
108 칼빈, 『기독교 강요(상)』, 286.
109 윌라드, 『하나님의 모략』, 34.
110 마르크 오제, 『비장소』, 이상길 · 이윤영 역 (경기도: 아카넷, 2021), 33.

체성은 예수 그리스도 안에서 믿음으로 구원받고 성령의 증언으로 확인된다는 점에서 내가 누구 인가라는 확인은 영적인 지식이다.

마태복음 16:13-20에 보면, 예수님께서 제자들에게 세상 사람들이 인자를 누구라 하느냐 물으시고, "너희는 나를 누구라 하느냐"라고 물으신다. 예수님이 대답을 한 베드로를 향하여 "이를 네게 알게 한 이는 혈육이 아니요 하늘에 계신 내 아버지"라고 말씀한다. 그리고 베드로의 정체성을 말씀하여 주는 데서 영적인 지식이라는 것이 확인된다(고전 2:14).

헨리 나우웬은 존재를 인식하는 데 있어 기억의 중요성에 대해서 이렇게 이야기한다. 우리의 고통과 즐거움, 슬픔과 만족감 같은 것들이 단순히 우리 인생에 어떤 일들이 일어났는지에 달려 있을 뿐 아니라 어쩌면 그보다 더 우리가 이런 일들을 어떻게 기억하느냐에 달려 있다.[111]

존재 인식에 있어서 인생 전체의 이야기 속에서 '어떤 일들'보다 '어떤 형태'를 갖느냐가 중요하다는 것이다. 대부분의 감정이 무엇을 기억하는지에 밀접한 관계가 있기 때문이다. 그리고 "이 모든 감정은 우리가 과거에 일어난 일들을 세상에서 우리의 존재 양식에 어떻게 통합하느냐는 방법에 따라 깊은 영향을 받는다."[112]

톰 라이트는 오늘날 세상 안에서의 성경에 대해 말하면서 "현대 문화는 성경과 관련하여 제기되는 문제들에 다양한 방식으로 영향을 미친다"[113]고 말한다. 성경에서 우리가 하나님의 사랑받는 자녀라고 분명하게 말씀하는데 세속의 문화는 우리가 세속의 정체성에 무게를 두고 살아가게 만든다. 그래서, 다른 사람이 나를 어떻게 보아주는가에 따라 자기를 평가하려는 잘못을 저지를 때가 많다.

---

111 나우웬, 『예수님을 생각나에 하는 사람』, 피현희 역 (서울: 두란노서원, 2016), 17.
112 Ibid., 18.
113 라이트 톰, 『성경과 하나님의 권위』, 박장훈 역 (서울: 새물결플러스, 2011), 18.

노년에는 방심하는 순간, 의외로 그리고 쉽게 세속에 물들고 만다. 노년에 여러 방면으로 인생 코너에 몰린다고 생각하기 쉽고, 힘없고 무익하다는 생각이 들 때 영적으로 생각을 전환하기보다는 보이는 현상적인 것으로부터 도움 받기를 기대하기 때문이다. 낮은 자존감과 열등감 혹은 수치감 속에서 부정적인 태도를 갖고 있으면 사회생활이 어려워지고, 신앙생활도 기복이 심하고, 하나님을 아버지로 만나는 일이 어렵게 된다.[114]

창세기에서 아브라함의 기사를 보면, 하나님의 불러내심을 받고도 하나님을 깊이 알지 못했고, 언약을 왜 주시는지, 그 언약의 의미가 무엇인지 잘 몰랐다. 그런데, 약 40년의 세월을 거쳐 하나님의 거듭된 언약과 훈련의 과정을 통해 성숙하게 되고, 그는 하나님을 아는 것과 믿는 것에 비례하여 자신이 누구인지를 아는 장성함이 이루어졌다. 그러므로 아브라함이 하나님을 믿으매 이를 그의 의로 여기셨다는 것을 강조한다.[115]

부르스 탐슨은 그의 책 『내 마음의 벽』에서 인생이란 무엇인가에 대한 근원적 질문을 던지고 있다.

> 어떻게 알 수 있는가?(인식론)
> 나는 누구인가?(존재론)
> 나는 어디서 와서 어디로 가는가?(목적론)
> 나에게 가치가 있는 것은 무엇인가?(가치론)[116]

이를 도표로 요약 설명하고, 구약성경 아모스서에 말씀하는 다림줄(암 7:7)을 가지고 인생에 대해 설명한다.

---

114 정회성, 『아버지, 이제는 사랑한다고 말할 수 있어요』, 7.
115 박영선, 『하나님의 설복』 (서울: 크리스챤서적, 1991), 76.
116 탐슨, 『내 마음의 벽』, 허광일 역 (서울: 예수전도단, 1997), 50.

이 명제를 중심으로 노년에 확인해야 할 질문, "현대는 여전히 '인생이 무엇이며 어떻게 우리가 그 인생을 살아야 하는가?'

이에 대한 질문에 지대한 관심을 표명"[117]하고 있는 '내가 누구인가'에 대해 기술하려고 한다. '나'라는 정체성에 대한 탐구를 무시하면, '나는 누구인가'에 관한 진리의 말씀과는 관련이 없어지면서 길을 잃게 되기 때문이다.[118]

(1) 나는 누구인가? (존재론)

우리는 때로 삶 속에서 자기 정체성의 위기를 경험한다.[119] 대부분 그런 위기를 경험하게 된 때를 돌아보면 자신의 존재 가치를 어떤 성취나 업적에 두었을 때이다.

우리 자신은 누구인가?
누구누구의 엄마, 혹은 아빠. 또는 장로, 권사, 집사, 성공한 사람?
다른 사람들이 나 자신을 누구로 알고 있을까?

이것으로 자기 정체성이나 자기 가치에 대한 질문으로 삼으려 한다. 자존감은 자신이 무엇을 이루었나 안 이루었나 또는 현재의 명망이 어떤지에 달리지 않았고, 하나님과 얼마나 친밀하게 알고 얼마나 사랑하는가에 달려 있다. 도덕적, 종교적 행위가 아니며 자신이 얼마나 성공했는지 또 얼마나 가졌는지가 아니라 복음에 대한 반응에 달려 있는 것이다.[120]

---

117 탐슨, 『내 마음의 벽』, 43.
118 Ibid., 55.
119 기니스, 『소명』, 36.
120 켈러, 『센터처치』, 133-134.

우리 각자에게 자신의 정체성은 지극히 중요한 문제다.[121] 성령에 의해 복음의 진리가 가슴에 깨달아질 때 자신을 새로운 방식으로 바라보게 된다. 복음을 통해 더 이상 우리 정체성의 기반을 성취한 공로에 두지 않게 되며, 오히려 그리스도 안에서 성취된 일들을 토대로 정체성을 갖게 된다.[122] 정체성 회복은 살아 계신 주 예수 그리스도와 자신의 관계를 점검하는 것으로부터 시작되어야 한다. 가장 먼저 던져야 할 실존적인 질문은 "과연 나는 예수 그리스도를 나의 주님으로 올곧게 모시고 있는가"이다.[123]

출애굽기 2-3장에 나오는 모세를 통해 우리의 정체성을 확립할 수 있다. 40년을 광야에서 침묵하고 있던 모세를 어느 날 하나님은 가시덤불에 불을 붙여 부르셨다. 그리고는 말씀하신다.

> 이제 내가 너를 바로에 보내어 너에게 내 백성 이스라엘 자손을 애굽에서 인도하여 내게 하리라(출 3:10).

바로 이어서 모세가 "내가 누구이기에 바로에 가며"(출 3:11)라고 질문한다. 그는 자기 정체성의 위기를 경험하고 있고, 아직 벗어나지 못하고 있었기 때문이다.

내 자신이 누구인지, 내 개인의 삶도 제대로 알지 못하는 자인데 어떻게 이스라엘 백성을 인도할 수 있겠습니까?

전에 이스라엘 백성을 도우려던 일 때문에 낭패당한 일이 아직도 이해가 안된다는 것이다. 우리가 모세의 과정을 겪으면서 자신을 알아가고 있는 것이다.

---

121 Ibid., 33.
122 켈러, 『센터처치』, 145.
123 정성욱, 『한국 교회, 이렇게 변해야 산다』, 156.

오늘날 우리가 겪고 있는 정체성의 위기는 현대인에게 항상 붙어 다니는 불가피한 질문, 곧 '나는 누구인가'라는 이런 전기(傳記)의 문제로 요약될 수 있다.[124]

정직한 반응을 보인 모세에게 하나님이 말씀한다.

> 하나님이 이르시되 내가 반드시 너와 함께 있으리라(출 3:12).

그러면서 모세가 다시 하나님께 질문하고 하나님이 답하신다.

> 나는 스스로 있는 자이니라(출 3:14).

하나님과 모세의 대화에서 인간(자신)의 정체성을 찾게 된다.
"모세야!
네 자신이 누구인지 아직 모르겠니?"
너의 질문에 대한 답은 '나와 너와의 관계에 있단다'라고 하는 것이다.

고린도전서 15:10에서 "그러나 내가 나 된 것은 하나님의 은혜로 된 것이니 내게 주신 그의 은혜가 헛되지 아니하여"라고 고백하는데, 이 구절의 앞뒤를 보면, 만삭되지 못하여 난 자 같은 자신을 말함으로써 바울 자신의 진정한 정체성과 가치를 규정하고 있다. 바울은 자신의 정체성이 그동안 자기가 해왔던 모든 사역이라고 말하지 않는다. 그는 놀라울 정도로 많은 사역을 이루어 왔지만 그것이 자신의 정체성이라고 말하지 않는다.

바울 자신이 자신 됨은 하나님의 은혜에 의해서 결정된 것이라는 점을 분명히 한다. 인간은 어떤 신분이나 한 일들로 자신 됨이 결정되지 않는다. 하나님의 은혜에 의해서 진정 자신이 누구인지 규정된다는 점을 알아

---

[124] 기니스, 『소명』, 36.

야 한다.

"성령에 의해 복음의 진리가 가슴에 깨달아질 때 …그리스도 안에서 성취된 일들을 토대로 정체성을 갖게 된다."[125]

(2) 나는 어디서 와서 무엇을 하다가 어디로 가는가? (목적론)

이 질문은 인생의 시작과 최종 목적에 관한 것이다. 인생이 아무 목표도 없을 때, 통상적으로 우리는 그것을 망치게 되어 있다. 성경은 그 문제를 "묵시가 없으면 백성이 망한다"(잠 29:18)는 말씀으로 드러낸다.[126]

인생이란 하나님이 주신 소중한 것으로 소명을 따라 목적을 가지고 여행 중에 있는 것이다. 우리는 하나님께로부터 왔기 때문에 하나님을 향하여 돌아가야 하는 인생이다. 하나님은 우리 각 사람에 대한 인생의 선한 목적과 계획을 가지고 생을 잘 마칠 수 있도록 인도하신다.

에베소서 2:10은 말씀한다.

> 우리는 그가 만드신 바라 그리스도 예수 안에서 선한 일을 위하여 지으심을 받은 자니 이 일은 하나님이 전에 예비하사 우리로 그 가운데서 행하게 하려 하심이니라(엡 2:10).

디도서 2:14에서도 말씀한다.

> 예수님이 우리를 대신하여 십자가를 지신 것은 우리를 깨끗하게 하사 선한 일을 열심히 하는 하나님의 친 백성이 되게 하려 하심이라(딛 2:14).

---

125 켈러, 『센터 처치』, 145.
126 부르스 탐슨, 『내적 치유 상담학 내 마음의 벽』, 허광일 역 (서울: 예수전도단, 1997), 49.

그러므로 노년에 이른 지점에서 자기의 삶을 잠시 되돌아보면서 달려갈 길을 잘 행하고 있는지 평가하는 시간이 필요하다.

(3) 나에게 가치 있고 중요한 것은 무엇인가?(가치론)

자신에게 가치 있고 중요한 것이 무엇인가라는 질문은 무엇이 중요한가에 대한 단순한 질문이 아니다. 사람은 누구나 '가치 장치'라고 불리는 것을 갖고 있다.[127] 영이요 생명인 하나님의 말씀이 가치 중에서도 가치가 있다는 사실을 영적 이해와 지식으로 알고 있어야 한다.[128] 그리고 기도와 말씀에 대한 순종을 그다음의 가치로 알아야 한다. 그 이유는, 비유적으로 말씀을 영의 양식으로, 기도를 숨을 쉬는 영의 호흡으로, 말씀 순종을 섬김 또는 봉사로써 영적 운동으로 볼 수 있기 때문이다.

인간 내면의 깊은 곳에서 자신이 진실로 중요하게 생각하고 가치 있게 여기는 것이 무엇인가에 대한 질문을 가지고 있어야 한다. 실제 삶 속에서 자신이 행동하는 방식을 보면 그것에 대한 진정한 가치를 알 수 있게 된다. 말씀, 아니면 기도, 또는 활동적인 것, 혹은 성공적인 삶 등 어디에 중심을 두고 사는지를 살펴보아야 한다.

항상 되돌아봐야 하는 것은 다음과 같은 질문들이다.

내가 하나님께로부터 왔는데 무엇이 잘못되었는가?
문제들을 어떻게 해결하고 있는가?
나는 어떻게 바르게 될 수 있는가?[129]

---

[127] 탐슨, 『내 마음의 벽』, 51.
[128] 탐 마샬, 『자유케 된 자아』, 102, 97.
[129] 팀 켈러, 『센터처치』, 63.

현대인의 가치관은 보통 성공, 명성, 영향력에 의해 결정되는 것에 둔다.[130] 반면에 그리스도인들은 하나님의 말씀과 사랑 안에 가치를 둔다.

한국 교회의 위기는 정체성의 위기이다. 복음의 정체성, 교회의 정체성, 그리스도인의 정체성, 신앙의 정체성에 대한 오해가 생각보다 널리 팽배해 있다. 그 이면에는 기독교가 세상의 다른 종교들과 같은 차원에 있는 하나의 '종교'라는 오해가 자리하고 있다.

그러므로 우리 자신을 주님의 종으로 드릴 때 진정한 대우 받는 삶이 있는 반면에 권력이나 명성과 재물 등으로 자신의 가치를 평가 받고 싶어하는 양면성이 있다. 삶이나 사역에서 자신이 인정받아야 된다는 가치관과 자기본위의 욕구가 완전히 사라지지 않고 있는 것이다.

기독교의 본질은 살아 계신 하나님의 아들 예수 그리스도와의 인격적, 유기적 관련 맺음이다.[131] 모든 창조물 가운데서 우리에게 특별한 정체성을 부여하는 것은 무엇보다도 생각하는 능력이 아니라 사랑하는 능력이라는 것이다.[132] 이것이 우리의 가치관이 되어야 한다.

물질주의, 욕심, 탐욕 등은 사람들이 열매를 맺지 못하도록 방해한다.[133] 노년에 들어선 지점에서 꼼꼼하게 살펴보아야 할 문제들이다.

나는 나의 삶의 목적이 무엇인가?

무엇을 붙들고 사는가?

그러므로 나는 나 자신을 누구라고 말할 수 있다는 확신이 있어야 한다. 내가 누구인가 하는 질문과 나의 가치는 어디에 있는가에 대한 질문은 깊은 연관이 있다. 하나님을 중심으로 하는 생활관에는 종교 생활이나 신앙생활의 영역만이 신성하고 일상생활의 삶의 자리는 속되고 더러운 것이라

---

130 헨리 나우웬, 『영성에의 길』, 9.
131 정성욱, 『한국 교회, 이렇게 변해야 산다』, 153-155.
132 헨리 나우웬, 54.
133 게리 호그, 『착하고 충실한 종』, 31.

는 성과 속의 이분법이 지배했던 생각이 사라지고, 모든 삶의 영역이 하나님 앞에서 신성하고 거룩하며, 가치 있는 직업 소명설이 자리하게 된다.[134]

(4) 어떻게 알 수 있는가?(인식론)

나는 누구인가?
나는 어디서 와서 무엇을 하다가 어디로 가는가?
나에게 가치 있고 중요한 것은 무엇인가?

이 세가지에 대한 근본적인 질문이 있다면, 그것은 다음 두 가지이다.
'우리가 어떻게 알 수 있는가?'[135]
'우리 자신에 대해서 어떻게 인식할 수 있나?'
다시 말하면 이 질문이다.
'우리 자신이 지금 알고 있는 지식이 옳다는 것을 어떻게 알 수 있나?' 이것은 권위에 대한 질문으로, 하나님의 말씀인 성경에 대한 이해와 권위가 인정되어야 한다. 왜냐하면, 하나님께서 인간을 지으셨기 때문이며 (창 1:27; 2:7; 시 139:13-18), 인간의 영원한 생명을 위한 지침서로 성경 말씀을 주셨기 때문이다(딤후 3:16).

인간이 입술로는 하나님의 말씀에 대한 권위를 인정한다고 고백할 수 있고 온전히 믿는다고 말 할 수 있지만, 그러나 인간의 마음은 깊은 곳에서는 다른 대답을 할 수 있다. 예를 들어, 예수님께서 십자가에 죽으시기 전에 "오늘 밤에 너희가 다 나를 버리리라"(마 26:31)는 말씀에 대해 베드로가 이렇게 응답했다.

---

134 정성욱, 『한국 교회, 이렇게 변해야 산다』, 63.
135 탐슨, 『내 마음의 벽』, 51.

> 모두 주를 버릴지라도 나는 결코 버리지 않겠나이다. … 주와 함께 죽을지언정 주를 부인하지 않겠나이다 … (마 26:33, 35).

베드로는 확신에 찬 모범적인 대답을 했다. 그런데 목숨이 위협을 받는 순간 세 번이나 예수님을 모른다고 부인하고 말았다. 베드로는 자신의 마음 깊은 곳에 자기 자신을 모르고 있다는 사실을 알지 못했다.

그러므로 자신이 주님과 함께 죽을 수 있다고 장담했던 것이다. 성경에 우리 자신을 비춰 보면 우리의 죄 때문에 막혀 있는 부분이 얼마나 심한지를 알게 된다. 이러한 모습도 하나님은 이미 아셨고 또 보고 계신다(히 4:12). 주님은 친절하게 말씀한다.

> 이를 네게 알게 한 이는 혈육이 아니요 하늘에 계신 내 아버지시니라(마 16:17).

3) 소명

'나'라는 존재에 대하여 탐구하지 않는다면, 우리 자신에 대한 뿌리를 외면하게 되고, 삶의 방향을 잃게 된다. 예수 그리스도 안에 믿음으로 구원받은 사람들이 향방 없이 달려가는 사람들이 아니라(고전 9:26), 하나님의 부르심 즉 소명을 따라 달려가는 제자로서 예수 그리스도와 함께하는 삶이다(고전 10:16). 소명('call' 또는 'vocation')이라는 개념은 개인의 정체성의 기반과 인간 됨 자체를 이해하려는 현대인의 추구와 연관되기 때문에 우리 각자에게 중요하다.[136] 소명에 대한 논술에서 부르심(Calling)과 소명(Vocation)은 동의어로 사용되는 것이 합당함으로[137] 교차적으로 사용된다.

---

[136] 기니스, 『소명』, 36.
[137] Ibid., 80.

(1) 불러내시는 하나님

소명을 생각할 때 내가 누구인데, 누가 나를 왜 불러내는 것인가에 대한 질문을 하지 않을 수 없다. 아브라함을 불러내시는 하나님을 보라(창 12:1). 아브라함이 불러냄을 받을 때 너무도 평범한 사람이었다.

모든 그리스도인은 참된 의미의 성직과 소명을 받은 자로서 세상 가운데 믿음을 지키며 꿋꿋이 그리스도의 제자도를 실천해 가야 한다.[138]

그러므로 모든 믿는 자는 성경적이고 복음적인 직업관이나 소명 의식을 바르게 인식할 필요가 있다.[139] 성경은 분명하게 우리가 하나님의 자녀인 것을 말씀하고 자녀이면 또한 상속자이니 우리가 예수님과 함께 영광을 받기 위하여 고난도 함께 감당하는 사람들이라고 말씀한다(롬 8:16-17).

모세가 팔십 세가 되었을 때 부르신 하나님, 사무엘이 어렸을 때 부르신 하나님, 아브라함을 고향 친척 아비 집에서 불러내신 하나님, 또다른 사람들을 부르신 하나님을 생각해 볼 때 노년에 사람들을 부르고 계신다는 것을 배운다. 사도들을 부르시는 하나님(예수님), 사도행전에서 일곱 집사를 부르시는 하나님(성령님)을 보라!

우리를 부르시는 분이 누구인지 명확하게 알 수 있다. 하나님은 보통 우리의 재능에 부합되게 우리를 부르시는데, 재능의 목적은 청지기 직과 섬김의 직이지 이기심이 아니다.[140] 또한, 부르심에 대해 그림자 적인 부분도 함께 생각해보아야 한다. 기독교 공동체가 하나님의 부르심을 이해하는 법을 알아야 한다. 부르심은 삶의 더 깊은 목적과 의미를 발견하기도 하며, 때로는 고통스럽고 비극적인 상황이 포함되어 있지만 성취의 기

---

138 정성욱, 『한국 교회, 이렇게 변해야 산다』, 123.
139 Ibid., 121.
140 기니스, 『소명』, 76.

쁨과 만족을 얻게 되는 삶이 있는 것이다.[141]

부르심의 목적에 대해 두 가지 측면에서 생각할 수 있다.

첫째, 내면적(영적) 목적으로 영원한 생명과의 관계이다.

로마서 8:30에 보면, 미리 정하신 자들을 부르시고, 부르신 그들을 의롭다 하시고, 의롭다 하신 그들을 또한 영화롭게 하신다. 구원된 하나님의 백성 안에 그리스도의 형상이 이루어지게 하시는 것이다(롬 8:29; 갈 4:19).

둘째, 외면적 목적으로 삶의 관계이다.

마태복음 5:16에 보면, "이같이 너희 빛이 사람 앞에 비치게 하여 그들로 너희 착한 행실을 보고 하늘에 계신 너희 아버지께 영광을 돌리게 하라." 또한, 마태복음 28:18-20에서는 하나님의 생명을 전해 주는 축복의 통로로서의 삶을 제시해 준다.

(2) 현재 소명에 대한 이해

성경을 통해 볼 때, 하나님의 부르심 곧 소명은 인생의 분기별로, 혹은 상황에 따라 달라질 수 있다 것을 알게 된다. 출애굽기에서 보면, 모세는 노년에 들어설 때 비로소 하나님의 부르심을 받은 사람인데 그의 소명을 상황을 따라 분리해보면 특이함과 흥미로움을 발견하게 된다. 모세가 처음에는 애굽에 들어가 이스라엘 백성을 구출하는 것이었다. 이스라엘 백성이 홍해를 건너 완전히 탈출한 다음, 광야에서 백성을 위해 산 위로 부르심을 받고 계명 곧 백성들의 삶의 규범을 세우는 것이었다(출 19-23장). 그리고 광야에서 죄악으로 관계가 깨어진 하나님의 백성들과 하나님 사이에서 중재하는 역할로 기도하는 것이었다(출 32:11-14; 민 21:4-9).

---

141 William W. Klein · Daniel J. Steiner. *What Is My Calling? A Biblical and Theological Exploration of Christian Identity* (Grand Rapids, MI: Baker Publishing Group, 2022), 7.

이로 보건대 젊었을 때의 소명이 지금도 유의한가?

아니면, 노년이 되어 소명이 달라질 수 있는가에 대한 생각을 할 수 있어야 한다. 하나님은 우리에게 시킬 일을 바꾸실 수 있고 또 종종 그리하신다.[142] 따라서 노년인 지금의 진정한 소명이 무엇인지, 어떻게 반응할 수 있는지를 알기 위해 전심으로 기도해야 한다. 소명을 발견하는 길은 우리 각자가 창조될 때 부여 받은 재능을 분별하는 것이다. 소명은 "당신의 존재는 당신이 하는 일이다"라고 말하지 않고 "당신의 존재에 걸맞는 일을 하라"고 말한다.[143]

그러므로 정체성을 확립한 사람으로써 연약함을 안고 있는 노인이라 할지라도 자신이 할 수 있는 일이 무엇인지 기도 가운데 묻고, 찾고, 알고자 하는 강한 의지가 있어야 한다.

(3) 현대에 대한 도전

에베소서 4:1에서 "너희가 부르심을 받은 일에 합당하게 행하여"라고 한 말씀을 보면 각 사람에게 부르심 곧 소명이 있음을 알 수 있다.

신약성경 목회 서신에서 '부르다'라는 뜻을 가진 그리스어 '칼레오' (*kaleo*)는 보통 믿음으로 구원받고 예수님과 더불어 하나가 되라는 하나님의 요청을 묘사할 때 사용되는 말이다(롬 3:30; 고전 1:9).[144]

이 소명과 책임감을 이해하기 위해서는 자신이 누구인가를 알아야 하고,[145] 불러 주시는 분이 누구인지를 반드시 알아야 한다. 어떤 사람이 소명에 응답하여 일어서는 것과 생물학적인 삶에서 영적인 삶으로 전환하는 것은 '깎인 돌'의 상태였던 어떤 동상이 진짜 인간으로 변화되는 것과

---

142 팀 켈러, 『일과 영성』, 최종훈 역 (서울: 두란노서원, 2013), 116.
143 기니스, 『소명』, 76-77.
144 팀 켈러, 80.
145 기니스, 『소명』, 33.

같이 크나큰 변신이다. 바로 이것이 기독교가 무엇인지를 정확하게 보여준다.[146]

구원에 대한 이해와 성숙으로 인한 하나님의 자녀라는 자신감을 통해 하나님의 일에 대해 자발적인 순종이 발현된다. 예수님께서 제자들을 세울 때 말씀을 주시고, 그 말씀 안에 거하게 하시고, 참으로 제자가 되게 하시며, 진리를 알 때 진리가 너희를 자유케 하리라 하신다(요 8:31-32). 자발적 순종은 하나님의 부르심에 대한 책임감 있는 응답이다.

소명에 응답하는 것은 그 자체가 책임성에 한 발짝 다가서는 것이다. 책임성의 다른 이름은 순종이다.[147] 정당하다고 인정되는 소명이 되려면 우리는 우리 자신의 유익뿐만 아니라 공공선을 목표로 삼아야 한다.[148]

그러므로 바른 소명을 위해서 구원의 확신이 필요하다. 그리고 자신의 정체성을 이해하고 성숙함 가운데 설 때에 현재에 자신이 감당하게 되는 소명을 이해할 수 있게 된다.

결론적으로 "우리의 과거의 상처를 치유하고, 현재의 우리를 지지하는 기억은 또한 우리를 미래로 인도하며 끊임없이 우리의 삶을 새롭게 한다."[149] 좋은 기억들은 좋은 인도가 된다. 우리의 희망은 기억에 의존되어 있다. 좋은 기억이 없이는 좋은 기대도 없는 것이다.[150] 하나님께서 그리스도를 통해 우리에게 말씀하신 바요 들은 자들이 우리에게 확증 해준 큰 구원을 소홀하게 생각지 않고 분명하게 기억함이 마땅하다(히 2:1-3).

하나님과의 관계에서 어떤 경험을 하였는가?

---

146 Ibid., 135.
147 기니스, 『소명』, 148.
148 Ibid., 79.
149 나우웬, 『사목자』, 74.
150 Ibid., 75.

노년의 사람들은 기도하는 가운데 도움의 말이나 덕담을 나눌 수 있는 영광의 광채가 자신 안에 담겨 있다는 것을 알아야 한다. 예수님의 제자로서 다른 사람을 돕는 삶을 위해서는 영성, 곧 하나님과 살아 있는 연합의 길로서 영적인 결합이 반드시 필요하다.[151] 진정한 열성과 관심만 남아 있다면 노인들에게도 지적 능력은 그대로 남아 있을 수 있다. 그것은 높은 관직에 있던 유명한 인사뿐만 아니라 사인(私人)으로서 조용히 산 사람들의 경우도 마찬가지이다.[152]

고린도후서 4:6-7에서는 이렇게 말씀한다.

> 그 하나님께서 예수 그리스도의 얼굴에 있는 하나님의 영광을 아는 빛을 우리 마음에 비추셨느니라. 우리가 이 보배를 질그릇에 가졌으니(고후 4:6-7).

우리가 나눌 수 있고 비춰낼 수 있는 것이 작지만 우리 속에 있다.

기도하면서 제자의 길을 따라 살아가는 "그리스도인들은 해야 한다는 율법주의의 독재 아래 있는 것이 아니라 그리스도인의 자유라는 자장(磁場) 안에 '할 수 있다'는 능력 주심 아래 있음을 아는 것이다."[153]

> 마음의 정결을 사모하는 자의 입술에는 덕이 있으므로 임금이 그의 친구가 되느니라 (잠 22:11).

"술 취하지 말라 이는 방탕한 것이니 오직 성령으로 충만함을 받으라"(엡 5:18)하신 말씀을 귀담아듣고 묵상하면서 머리 속에 변명 같은 것을 없애야 한다. 그렇지 않으면 제자도가 신비로 둔갑하거나 두려움의 대

---

151 나우웬, 『예수님을 생각나게 하는 사람』, 37.
152 키케로, 『노년에 관하여 우정에 관하여』, 34.
153 윌라드, 『잊혀진 제자도』, 32.

상으로 보일 수 있다.[154] 나이 들어 예수 그리스도의 빛나는 생명에 들어 가고 싶다면 이렇게 물어야 한다.

"나는 제자인가?

아니면 세속적인 기준을 따라가는 명목상의 그리스도인인가?"[155]

4) 내적치유: 상처 입은 치유자

"근대와 현대의 힘난한 역사와 시대적 상처를 간직한 노인"[156]들의 가슴에는 한이 서려 있을 수 있다. 고통을 겪으면서 삶을 이겨 나온 세대는 삶을 위해, 자녀들을 굶기지 않게 하려고, 밤낮으로 일해야 했기에 자녀들에게 오손도손 다정스럽게 이야기하면서 지낼 여유가 없었다. 그러다 보니, 그 당시의 부모 세대와 자녀 세대 간의 커뮤니케이션을 제대로 할 수 없었다. 그럴 여유를 가지려는 여력도 없이 그저 마음으로 또는 정신적으로 위하면서 지냈던 시기였다.

현대 용어로 사랑이라 해도 좋을 것이다. 국가적으로, 사회적으로, 개인적으로 일제의 찬탈과 6.25 전쟁으로 깨어진 삶을 복구하기에 온 힘을 쏟아야 했던 시기로서 자녀들은 어찌하든지 밥은 굶기지 않겠다는 일념과 가르쳐 보겠다는 다짐으로 살아냈던 시기였다. 그런데, 문제는 자신의 마음으로 직접 경험한 고통은 상처를 만들어 낸다는 것이다.[157]

우리의 존재를 인식하는데 기억이란 아주 중요한 역할을 한다. 중요한 것은 어떻게 기억하느냐에 달려 있다는 것이다.[158] 그 시대의 부모 세대는

---

154 윌라드, 『잊혀진 제자도』, 27.
155 Ibid., 31.
156 최선호, 『한국 현대 노년소설 연구』(경기도: 국학자료원 새미㈜, 2019), 5.
157 나우웬, 『상처 입은 치유자』, 11.
158 나우웬, 『예수님을 생각나게 하는 사람』, 17.

아픔의 마음들이 내면의 상처인 것도 모른 채로 응어리진 가슴을 부둥켜 앉고 살아왔다고 본다. 그러면서도 삶을 더 온전하게 세우기 위해 이웃과 허물없이 지냈고 협력했지만 애증(愛憎)의 시대였다고 본다.

그러므로 그리스도인이 되었으면서도 아직 상처들을 떨쳐내지 못한 노인들이 상당히 많다는 것은 틀린 말이 아닌 것이다. 기억에 의한 고통이라고 말해도 전혀 과장이 아니다. 마음의 상처로 인한 슬픔과 고통을 처리하지 못한 분노가 노인을 고통스럽게 하는 것을 본다. 이러한 고통은 치유를 필요로 하는 상처 입은 고통들이다. 그런데, 이런 기억들이 때로는 우리 존재의 심연 속에 감추어져 있기 때문에 접근하기가 매우 어렵고 그래서 고통스러운 것으로 나타난다.[159]

어떤 노인은 무엇인가가 마음에 맞지 않으면 어떤 기억으로 인한 고통스러운 분노가 올라오고, 한 번 표출되고 나면 많은 에너지를 허비한 탓인지 체력적으로나 정신적으로 눈에 보일 만큼 지쳐 보인다. 그 지쳐 보이는 모습에서 응어리진 무엇인가가 그 가슴에 더 쌓인다. 왜냐하면, 그가 또 분노하는 것을 보기 때문이며, 분노가 점점 더 쉽게 표출된다는 것 때문이다. 이러한 분노는 본인만 아니라 타인에게 까지 깊은 상처를 또 쌓이게 만든다. 많은 사람이 이러한 문제들을 잊어버린다는 생각과 없었던 것 같이 여김으로써 문제가 해결된 것처럼 생각하는 것 같이 보인다.[160]

내적 상처 때문에 생긴 자기 연민은 우리 안의 죄 된 자기 중심성을 강화시키며, 하나님 중심적인 견해를 발전시키고, 하나님 중심적인 삶을 개발하는 것을 더 어렵게 만든다.[161]

팀 켈러는 그의 책 『센터 처치』에서 인간 속에는 자연스레 배어 있는 극도의 결핍이 있는데 결핍은 죄에서 태생 된다는 것을 말하며, 언제나 존경

---

159 헨리 나우웬, 『예수님을 생각나게 하는 사람』, 피현희 역 (서울: 두란노서원, 2016), 20.
160 Ibid.
161 제임스 패커, 『하나님의 계획』, 242.

받고 싶고, 인정받고 싶고, 후한 대접을 받고 싶어 하는 결핍된 마음이 있다는 것과 스스로가 인생을 통제하고 싶고, 자신의 자존감을 높이기 위해 타인에게 권력을 행사하고 싶기도 한다고 말하면서, 복음이 우리 마음에 부딪혀서 깨달아질 때(엡 3:16-19), 죄에서 태생한 결핍이 제거된다[162]고 말한다. 이러한 결핍을 제거하지 않고 놔둘 때 그리스도의 제자로서의 소명을 받아들이기 힘들고, 받아들였다 해도 감당하기가 어려워지는 것이다.

C. S. 루이스는 고통의 문제를 다루면서 이렇게 말한다.

> 바로잡지 않은 잘못과 회개하지 않은 죄는 그 본성상 새로운 잘못과 새로운 죄를 끊임없이 흘려 내보내는 원천이 된다.[163]

잘못은 그 본성상 또 다른 잘못을 낳게 되어 있다는 것에 대한 연장선상에서 하는 말이다. 내면의 상처는 또 고통의 문제와 연결되어 있다. 마음의 쓴 뿌리나 상처의 치유가 된 경험이 있을 때 예수님을 알아 가는 지식이 깊어진다. 왜냐하면, 예수님의 대속의 사랑을 더 깊이 알기 때문이다.

> 그는 실로 우리의 질고를 지고 우리의 슬픔을 당하였거늘 우리는 생각하기를 그는 징벌을 받아서 하나님께 맞으며 고난을 당한다 하였노라 그가 찔림은 우리의 허물 때문이요 그가 상함은 우리의 죄악 때문이라 그가 징계를 받으므로 우리는 평화를 누리고 그가 채찍에 맞으므로 우리는 나음을 받았도다 우리는 다 양 같아서 그릇 행하여 각기 제 길로 갔거늘 여호와께서는 우리 모두의 죄악을 그에게 담당시키셨도다(사 53:4-6).

---

162 팀 켈러, 『센터 처치』, 144-145.
163 C. S. 루이스, 『고통의 문제』, 이종태 역 (서울: 양화진책방, 2016), 176.

이 놀라운 대속의 사랑만 아니라 "너희가 내 말에 거하면 참으로 내 제자가 되고 진리를 알지니 진리가 너희를 자유케 하리라"(요 8:31-32)고 한 말씀처럼 제자의 삶으로 세워지는 것이다.

치유라는 것이 죽을 수밖에 없는 자의 죽음을 한 번 지연시킨 것에 불과하다면 그렇게 하는 것이 무슨 의미가 있겠는가?[164]

치유를 통해 주님의 손길을 체험적으로 알고 그 사랑 안에서 소명으로서의 제자의 삶을 힘있게 살아 내는 것이어야 하는 것이다.

(1) 치유 과정

첫 번째의 치유 과정은, '기억하는 것'이다.

> 치유가 가능하도록 먼저 망각의 구석에서 기억들을 끄집어내고, 그런 기억을 우리 삶의 이야기의 한 부분으로 상기함으로써 치유될 수 있다.[165]

그러므로 우리는 성령께서 기억하는 일을 하시도록 해야 할 필요가 있다. 기억은 상처받은 감정을 여는 가장 가능성 있는 방법 중 하나이다. "기억해 낸다는 것은 기억하고 있는 일이나 사건들이 갖는 은밀함에서 자유로워지기 시작한다는 것이다."[166]

그런데, 어떤 경우에는 고통스러웠던 그 상황에 대한 기억만으로는 불충분할 수 있다. 사실을 다시 기억할 수는 있지만 여전히 감정은 잡아내지 못할 수도 있다. 우리가 이제까지 키워 온 잘못된 태도가 자주 장애물

---

164 나우웬, 『상처 입은 치유자』, 97.
165 헨리 나우웬, 『예수님을 생각나게 하는 사람』, 피현희 역 (서울: 두란노서원, 2016), 22.
166 Ibid.

이 되기도 했는데 이러한 것들이 다루어져야 치유가 가능하다.[167] 우리가 고통스럽고 상처 되었던 상황을 겪고 나면 분노와 쓴 뿌리가 생기는 일이 자주 일어난다.

이러한 것은 반드시 다루어져야 한다.[168] 잊어버린 죄는 치유될 수 없고 치유될 수 없는 것은 더 큰 악의 원인이 되는 것[169]과 마찬가지로 마음 속에 상처나 쓴 뿌리를 갖고 있으면서도 그것을 부정하는 것은 자기 조작(Self-manipulation)이라고 할 수 있다.[170] 이와 같은 인간의 자기 부정 곧 자기 조작을 인하여 예수님은 겟세마네 동산에서 최후의 기도를 하시면서 흐르던 땀이 핏방울 같이 되는 원인이 되었다는 것이다.[171]

많은 사람이(노인을 포함하여) 치료를 필요로 하는 상처 입은 기억이 있다. 소외감, 고독감, 이별감, 불안이나 공포, 회의, 그리고 신경과민, 불면, 초조 등과 관련된 증후군(症候群) 등 이 모든 것은 어떤 기억이 취하는 형태의 일부분이다. 이러한 기억은 우리의 존재 깊은 곳에 감추어져 있어서 확인하기 어려운 것이다. 그래서 아픈 것이다.[172] 그래서인지 고통스러운 기억에 직면하기를 거부함으로써 마음을 바꾸어 회개하여 성장할 기회를 잃어버린다.[173]

예수님께서 분명하게 말씀하신다.

> 건강한 자에게는 의사가 쓸 데 없고 병든 자에게라야 쓸 데 있느니라 나는 의인을 부르러 온 것이 아니요 죄인을 부르러 왔노라 하시니라(막 2:17).

---

167 마샬, 『자유케 된 자아』, 85.
168 Ibid., 85-86.
169 나우웬, 『사목자』, 18.
170 탐슨, 『내 마음의 벽』, 289.
171 Ibid.
172 나우웬, 『사목자』, 24.
173 Ibid., 25.

이 말씀은 자신의 상태를 알고 정직하게 직면하는 사람들이 치유 받을 수 있다는 것이고, 그리고 새로운 삶 가운데로 나갈 수 있다는 사실을 확인시켜 준다.[174] 우리의 기억이 공포, 불안, 또는 회의로 가리워져 있으면 하나님의 말씀은 열매를 맺을 수 없다.[175]

예수님은 치료되어야 할 사람들의 생활과 행동에 대해 역동적으로 이해하고 계신다. 그러므로 우리가 예수 그리스도 안에서 이 문제를 역동적으로 이해할 필요가 있고 이해할 수 있는 것이다. 우리에게 상처를 준 사람들에 대하여 쓴 뿌리를 그대로 간직하고 있는 동안에는 그에 대한 상황을 닫아 버리고 그리스도를 그 상황 밖에 있게 하는 것이 된다.[176]

이런 상황에서 우리가 아무리 주님께 열심히 구한다고 해도 주님은 들어오셔서 우리를 치유하실 수 없으며, 그것은 우리가 다른 사람을 원망하는 생각에 정박해 있을 권리를 가지고 있다고 주장하는 것과 같다. 우리에 대한 하나님의 사랑을 잊어버려서는 안 되고 기억하고 살아야 하는 것이 성경적 전통 중심이다. "사랑은 기억을 통해 시간의 제약을 초월하고 우리의 삶의 어느 순간에도 희망을 제공한다."[177]

두 번째의 치유 과정은, '믿음과 고백'이다.

그리스도께서 우리의 고통과 슬픔을 십자가 위에서 처리하셨다는 것에 대한 믿음이다. 우리는 또한 반드시 예수님께서 오늘도 기꺼이 우리의 고통과 슬픔을 담당해주실 능력이 있으시고 우리가 바랄 때 그렇게 하실 것을 믿어야 한다.[178] "어떤 사람들은 기독교인은 아픔을 느껴서는 안 된다는 식으로 믿지만, 그것은 부정하는 행위가 초래하는 결과와 동일한 결과

---

174 Ibid.
175 Ibid., 28.
176 마샬, 『자유케된 자아』, 86.
177 나우웬, 『사목자』, 47.
178 탐슨, 『내 마음의 벽』, 289.

를 초래할 뿐인 억압에 대한 별스러운 형태에 지나지 않을 뿐이다."[179]

상처는 그리스도께 넘겨 드려야 한다. 예수님은 정말로 우리의 상처가 있는 곳에 함께 계신다. 우리가 상처를 느낄 때 아픔이나 슬픔 혹은 고통을 고백하고 상처를 주님께 넘겨 드려야 할 필요가 있다. 그러므로 우리가 결코 극복할 수 없다고 생각되었던 상처는 치료될 수 있는 것이다.[180]

> 백성들아 시시로 그를 의지하고 그의 앞에 마음을 토하라 하나님은 우리의 피난처시로다 (시 62:8).

너무 오래되었다 싶은 상처일지라도 예수님은 능히 치료하는 분이며, 믿음은 우리에게 승리를 안겨 주는 것이다.[181] 로마서 10:9-10을 보면 우리의 입으로 고백하는 것이 우리의 구원 또는 치료에 이르는 길임을 알 수 있다. 그러나 우리 자신의 삶에 대한 책임을 우리 스스로가 지면서 우리는 우리의 죄와 상처 모든 것을 고백할 필요가 있다.

"하나님께 눈물로 우리의 아픔을 토로할 때 믿음이 가세되면, 예수님의 사랑과 이해로 이루어진 치료의 향유가 상처에 대한 기억들을 말끔히 씻어내리게 된다. 우리가 우리 마음속의 깊은 곳을 열어드릴 때, 예수님께서는 우리들의 상처를 담당하시게 되어 있다."[182]

세 번째 치유 과정은, '사모하는 마음'이 있어야 한다.

"치유는 우리 인간의 상처가 하나님 자신의 고통과 밀접히 연결되어 있다는 사실을 드러내는 것이다."[183] 우리는 상처를 통해 하나님의 사랑을

---

[179] Ibid.
[180] 마샬, 『자유케 된 자아』, 87-88.
[181] 탐슨, 『내 마음의 벽』, 290.
[182] Ibid., 291.
[183] 나우웬, 『사목자』, 29.

실제적이고도 더 깊고 크게 경험할 수 있는 기회가 될 수 있다. 그러므로 자신에게 주어진 이 상황이 무엇인지, 어떻게 치유되는 것인지에 대한 간절한 소망이 있어야 한다.

부르스 탐슨은 "내적인 치료를 받기 전에 정말로 낫기를 사모해야 하다는 사실을 여러 차례 보아 왔다"[184]고 말한다. 그러면서 그는 "의에 주리고 목마른 자는 복이 있나니 저희가 배부를 것임이요"라고 한 마태복음 5:6을 인용하면서 "흔히 우리는 위기 또는 심각한 고뇌에 빠져야 겨우 진정한 갈증을 느끼게 되어 있지 않은가!"[185] 라고 말한다. 우리는 하나님의 사랑이 필요하도록 지어졌다. 하나님의 사랑은 절대적으로 무조건 적이며 완전히 무조건 적이다.[186]

중요한 것은 "치료는 성령의 일이요, 기능이기 때문에, 어떤 사람의 기교에 의한 것이 아니라, 성령님의 인도를 받는 것이 중요하다. 시간을 충분히 갖고, 자신들의 인생 과정의 이 구석 저 구석을 돌아보며 기도에 임하라."[187] 그리고 믿음의 기도를 드리고 있다면 현재의 상황을 보지 말고 일하고 계시는 하나님의 얼굴을 바라보아야 한다. 그래서 이루어질 상황을 바라보며 기대하고 감사할 수 있어야 한다. 하나님은 자기를 믿은 사람들을 존귀하게 여기신다. 성도의 삶 속에 믿을 수 없을 만큼의 안정감을 가져다주는 것은 인생의 가치, 인생의 존귀함이 전적인 하나님의 은혜의 선물임을 배웠을 때이다.[188]

---

[184] 탐슨,『내 마음의 벽』, 291.
[185] Ibid., 291-292.
[186] 마샬,『자유케 된 자아』, 89.
[187] 탐슨,『내 마음의 벽』, 290.
[188] 마샬,『자유케 된 자아』, 90.

네 번째 치유의 과정은, '훈련과 성장'이다.

우리의 내면이 깨끗하게 되어 있지 않으면 우리에게서 드러나는 것이 생명의 반응을 불러올 수 없다. 우리는 예수 그리스도 안에서 "의와 진리의 거룩함으로"(엡 4:24) 창조된 새로운 사람으로 살아야 한다.[189] 우리가 이렇게 될 수 있는 것은 "많은 경우, 감정의 상처는 미성숙을 초래하기 때문에 상처가 치유되면 성장이 따르게 된다[190]는 것 때문이다. 우리는 육체의 훈련도 어느 정도 가치가 있지만 (딤전 4:8), 우리들 자신이 경건의 훈련도 쌓을 필요가 있음을 알 수 있어야 한다.[191]

히브리서 12:15을 보면 이렇게 말씀한다.

> 너희는 하나님의 은혜에 이르지 못하는 자가 없도록 하고 또 쓴 뿌리가 나서 괴롭게 하여 많은 사람이 이로 말미암아 더럽게 되지 않게 하라(히 12:15).

우리가 하나님과 친밀해지고 연합되는 일을 방해하는 것들을 제거하고 더 좋은 소망으로 우리가 하나님께 더 가까이 나아가는 삶을 살아야 된다(히 7:19). 치유를 통해 무조건적인 하나님의 사랑을 체험하고 배워 가므로 그리스도의 도의 초보를 버리고 죽은 행실과 회개함과 하나님께 대한 신앙과 세례들과 안수와 죽은 자의 부활과 영원한 심판에 관한 교훈의 터를 다시 닦지 말고 완전한 가운데로 나갈 수 있어야 한다(히 6:1-2).

이 일은 일관성을 가지고 지속적으로 훈련함으로 되는데 하나님을 사랑하는 사람 곧 하나님의 뜻대로 부르신 사람들을 하나님께서 영화롭게 하심으로 되어가는 것이다(롬 8:28-30). "새롭게 되는 일, 또는 치료받아야 하는 상황에서 그러한 훈련은 지난날의 반작용들을 과감하게 떨쳐 버리고

---

189 마샬, 『자유케 된 자아』, 106.
190 Ibid., 88.
191 탑슨, 『내 마음의 벽』, 292.

그 대신에 새로운 반응으로 대치하는 것을 포함한다."[192] "그리스도의 십자가에 대한 가장 위대한 진리 중의 하나는 화목을 이룩한 사건이다."[193]

화합은 우리가 삼위일체 하나님과의 화합을 말하는 것이다. 이 일이 중요한 것은, 성도 자신들의 생활이 예수 그리스도 안에서 하나님과 얼마나 밀접하게 연결되어 있느냐에 의해서 치유가 온전하게 된다.[194] 또한, "우리 인간이 겪는 상처가 하나님이 직접 겪는 고통과 가장 밀접하게 연결되었음을 드러내 보이는 것이 바로 치유이다." 치유는 바로 그리스도의 더 큰 경험 안으로 들어가는 것이다.[195]

그러므로 그리스도와의 친밀함을 깊이 있게 만들어가는 것이 우리의 모든 행위의 근원이 되어야 함으로 말씀을 듣고, 보고, 관찰하고, 접촉하면서 훈련할 때 완전함 가운데 나가는 것이며, 하나님의 사랑을 자발적으로 나타내는 것이다.[196]

이사야 53:4-12 말씀 중에서 5절만 보면, "그가 찔림은 우리의 허물 때문이요 그가 상함은 우리의 죄악 때문이라 그가 징계를 받으므로 우리는 평화를 누리고 그가 채찍에 맞음으로 우리는 나음을 받았도다"라고 말씀하는데, 피상적으로 아는 것이 아니라 꼭 필요할 때 듣고, 보고, 관찰하고 접촉(만져보고)하면서 함께 생활할 필요가 있다는 것이다. 또 다른 필요의 상황에 대한 말씀을 그렇게 대하면서 생활할 때 더 완전함 가운데 나가는 것이다. 이것이 진정한 치료의 의미이다.

---

192 탐슨, 『내 마음의 벽』, 292.
193 마샬, 『자유케 된 자아』, 91.
194 나우웬, 『사목자』, 41.
195 Ibid., 25.
196 Ibid., 39.

다섯 번째 치유의 과정은, '용서'이다.

"용서는 복음의 핵심"[197]이며 "용서는 치유의 필수적인 선행조건이다."[198] 용서는 자유함을 선사받을 수 있는 귀중한 것이며, 그리스도인으로서 가장 큰 사랑이요 힘(권위)이라 할 수 있다. "용서는 종종 치유의 선제조건이지만 용서 그 자체가 우리를 치유하지는 않는다."[199] 상처는 그리스도께 넘겨져야 된다는 것을 다시 기억할 필요가 있다. 그리고 용서받았다는 사실에 대해 경험적 확실한 믿음 가운데 서 있어야 된다. 용서받은 마음은 다른 사람을 용서할 수 있는 기반이 되기 때문이다.

용서가 중요한 이유는 우리가 용서하지 않는 편을 고집하는 동안 상처를 입힌 그 상황 혹은 그 사람의 권세 아래 놓이게 될 수 있기 때문인데, 비록 그 사람이 없거나 죽었다 해도 우리는 그 상처의 권세 아래 놓일 수 있는 것이다.[200] 용서는 관대히 봐주는 것과 같은 것이 아니다. 그를 향한 감정적인 반응을 다루고 있는 것이다. 그들에 대해 품고 있었던 적의와 굳어진 감정들로부터 자신의 감정을 자유케 해 주고 있는 것이다.

용서는 말씀을 인한 우리의 의지의 행위이며 그렇게 하기로 선택하는 것이다.[201] 우리는 하나님이 그리스도 안에서 우리들을 용서하는 것 같이 서로 쉽게, 자유롭게, 그리고 풍성하게 용서할 필요가 있다(엡 4:32).[202]

마태복음 18:23-35 나오는 용서할 줄 모르는 종과 같이 되어서는 안 될 것이다. 주님은 일곱 번을 일흔 번까지라도 용서해야 된다고 말씀한다 (마 18:21-22). 그런데, 엄밀하게 보면 용서할 줄 모른 종은 마음속으로

---

197 패커, 『은혜를 아는 지식』, 36.
198 마샬, 『자유케 된 자아』, 86.
199 Ibid., 87.
200 Ibid., 86.
201 데이빗 스툽. 제임스 매스텔러, 『부모를 용서하기 나를 용서하기』, 정성준 역 (서울: 예수전도단, 2002), 193.
202 탐슨, 『내 마음의 벽』, 295.

용서받아본 경험이 없기 때문에 다른 사람을 용서할 수 없었던 것이라 볼 수 있다. "우리가 마음으로 하나님의 용서를 받지 못했다면, 우리들의 마음으로 타인 또는 우리 스스로를 용서할 수 없는 일이다."[203] 우리는 진정한 회개와 용서가 무엇인지를 알고 우리 스스로를 마음으로 자유롭게 용서할 줄 알아야 한다.

그러고 나면 타인을 용서할 수 있는 영성이 생기는데 꾸준한 성장을 통해 발휘되게 된다. 용서는 장성한 사람의 큰 사랑이다. 용서는 자신과의 싸움이라 할 수 있고 지속적으로 행하여야 하는 일이다. 우리 자신이 용서받은 기억은 다른 사람을 용서할 수 있는 힘인 것이다.[204]

용서는 하나님의 본성과 밀접하게 연결되어 있다. 하나님은 본성적으로 용서하시는 분이시며 또한 우리가 용서하는 삶을 살기를 원하신다.[205] 여기에서 주기도문의 내용을 빼놓을 수 없다. "우리가 우리에게 죄지은 자를 사하여 준 것 같이 우리 죄를 사하여 주시옵고"(마 6:12)라고 말씀한다. 에베소서 4:32에서는 "서로 친절하게 하며 불쌍히 여기며 서로 용서하기를 하나님이 그리스도 안에서 너희를 용서하심과 같이하라" 하신다. 또 "누가 누구에게 불만이 있거든 서로 용납하여 피차 용서하되 주께서 너희를 용서한 것 같이 너희도 그리하라"(골 3:13) 하신다.

"이 성경 구절들에서 강조하는 것은 용서는 하나님이 시작한 일이라는 것이다."[206] "남을 용서해 주는 것은 무엇보다도 우선적으로 우리 자신의 마음의 상처를 치유하기 위한 것이다."[207] 자신이 예수 그리스도의 용서를 완전히 받아들일 수 있을 때 다른 사람을 용서할 수 있고 내면의 자유를

---

203 Ibid., 296.
204 스툼. 매스텔러, 『부모를 용서하기 나를 용서하기』, 190.
205 Ibid., 189.
206 Ibid.
207 헨리 나우웬, 『영혼의 양식』, 박동순 역 (서울: 두란노서원, 1997), 44.

가질 수 있는 것이다.

5) 기도-중보기도

예수 그리스도께서 기도하시면서 제자들을 세우시고 그들에게 사명을 맡기셨는데, 어떤 큰일이나 큰 조직을 세우는 것이 아니라 제자 삼는 일과 더 관련이 많았다는 사실에 깊은 감동을 받는다.[208] 의인으로서 노년에 기도하는 삶을 열매 맺는 제자도의 실제라고 말할 수 있다. 이유는 시편 92:12-15과 요한복음 15장 때문이다.

시편에서 의인은 늙어도 여전히 결실한다고 말씀한다. 요한복음에서는 하나님의 백성이 예수 그리스도와 연합을 이루고 있을 때 열매를 많이 맺게 되고 제자라고 일컬음을 받게 된다. 그리고 기도하고 구하는 것을 얻게 된다(요 15:5-8). 그러므로 의인으로서 기도하는 삶은 노년의 제자도의 핵심이 된다.

1857년에 미국의 위대한 부흥이 있었다. 그 당시 미국의 영적, 도덕적, 사회적, 정신적 상태가 걱정이 된 한 사람의 기도로 시작되었다. 그 기도는 랜드휘어(Land-fear)라는 선교사에 의해 정오 기도회로 아주 초라하게 시작되었다. 그런데 "미국 전역에 기도 물결이 일어났고 드디어 우리에게 부흥이 왔다. 이제 우리는 이때를 놓치지 말고 복음을 전하며 설교하자"[209] 라고 하는 외침이 일어났다.

진정한 부흥은 위대한 설교나 아름답고 훌륭한 노래나 빈틈 없는 능란한 조직과 수단에서 오는 것이 아니다. 오직 그것은 능력 있는 기도와 영

---

[208] 고든 맥도날드, 『리더는 무엇으로 사는가』, 김명희 역 (서울: 한국기독학생회출판부, 2020), 235.
[209] 알 에이 토레이, 『기도와 영력』, 임성택 역 (서울: 생명의말씀사, 1993), 53-54.

혼들을 중생케 하며 확신케 하는 성령의 능력에서 오는 것이다.[210]

이 일이 북아일랜드에 퍼지고 그곳에서도 아주 평범한 사람들 네 사람이 모여 기도하였을 때 소리 없이 지역이 변화되는 부흥을 경험하기도 했다. 기도를 통한 이러한 부흥의 예가 상당히 많다[211]는 것을 21세기를 사는 현대 노인들이 기도의 동기부여가 되도록 상기할 필요가 있다.

(1) 기도란

기도만큼 위대한 것은 없다.[212] 그런데도 기도하는 일이 그렇게 쉽지만은 않다. 그러나 기도는 할수록 하나님을 더욱 알아 가는 위대한 일이라는 것을 알게 된다. 기도란 하나님과 나누는 대화인 동시에 만남이다.

대화와 만남이라는 개념은 기도의 의미를 분명히 하는 동시에 기도 생활에 깊이를 더하는 수단을 제공한다.[213] 여기에서 만남과 대화라 말할 때 그 대상은 분명히 '하나님'과 '나(우리)' 자신이다.

기도는 영혼의 호흡이다. 기도가 호흡이라는 것을 생각할 때 육신의 호흡처럼 지속적으로 기도하는 일에 동기부여가 된다.[214] 여기에서 기도와 맥을 같이하는 요소들을 생각해보면, 말씀을 영혼의 양식이라 하고, 성경적 기도를 영혼의 호흡이라 하며, 말씀 순종을 헌신 혹은 봉사라 할 수 있다. 그러므로 기도는 말씀 묵상과 순종이 연합적으로 이루어질 때 하나님이 기뻐하는 기도가 이루어진다.

---

210 토레이, 『기도와 영력』, 54.
211 Ibid., 55-56.
212 켈러, 『기도』, 38.
213 Ibid., 20.
214 김영봉, 『사귐의 기도』, 226-227.

> 기도는 하나님께 부르짖는 것이고, 단순한 대화이며, 우리를 사랑하시는 하나님의 임재 안에서 명상적인 경청이다. 그리고 기도는 찬양과 감사, 고백과 탄원, 간구와 중보의 구체적인 표현이다.[215]

그러므로 기도는 쉬지 않고 항상 하는 것이다(살전 5:17).

데살로니가전서 5:17을 토대로 바울의 기도의 삶을 보면, 기도는 삶의 일부가 아니라 삶 전체이고, 생각의 일부가 아니라 생각 전체이며, 감정과 느낌의 일부가 아니라 그 전체임을 알 수 있다.[216]

> 찬양, 고백, 감사, 간구로 이어지는 전통적인 형태의 기도는 신령한 경험일 뿐 아니라 실천적인 습관이기도 하다. 하나님의 영광을 찬양하며 경외감에 사로잡히고, 거룩한 은혜 가운데 친밀한 관계를 의식하고, 씨름하며 주님의 도우심을 구해야 하는데, 모두가 하나님의 임재라는 영적인 현실로 이끄는 요소들이다.[217]

기도란 무엇인가에 대해 더 많은 이론이 있다. 그러나 중요한 것은 자신에게 기도란 이런 것이다 라는 간단하고도 확실한 성경적 이해를 가지고 실천하는 일이 무엇보다 중요하다.

팀 켈러는 그의 책 『기도』에서 기도 말고는 달리 도리가 없었다는 것을 말하면서 인생 후반부에 기도를 체험한 사실을 전개한다. "기도는 다른 길로는 결코 도달할 수 없는 차원의 자기 인식으로 우리를 이끌어 간다"[218]고 말한다. 노년에 진지한 기도는 '인생 후반기'라고 생각되는 지점

---

215 나우웬, 『영성 수업』, 80-81.
216 Ibid., 82.
217 켈러, 『기도』, 20.
218 Ibid., 29.

에서 자기 인식이 분명해지고, 내가 누구인가를 알았을 때 제자로서의 소명을 바로 인식하게 하고 기꺼이 받아들일 수 있게 한다.

(2) 성경적 신학적 관점에서의 기도와 열매들

'신학'(theology)이라는 용어의 원래 의미는 '기도 속에서 하나님과 연합'(union with God in prayer)이다.[219] 성경이 인간에게 나타내신 하나님의 계시에 대한 역사적 문서라면 신학은 성경의 진리들에 대한 체계적이며 역사적인 분석 또는 설명이라고 할 수 있다.[220]

하나님의 백성들이 기도하는 가운데 이 땅에 살면서 현실적으로 하나님과 함께하면서 더 나은 삶이 무엇인가를 점검하게 한다. 그래서 자신이 누구이고, 어디서 와서 무엇을 하다가 어디로 가는지에 대해서 확신을 갖기까지 질문하신다. 그러므로 성경을 묵상하면서 기도하는 일에 힘써야 한다. 왜냐하면, 하나님의 사랑 안에 깊이 들어가 연합한 영이 되어야 하기 때문이다. "예수님의 마음을 안다는 것과 예수님을 사랑한다는 것은 같다. 그런 지식을 갖고 이 세상을 살아간다면 치유와 화해, 새로운 삶과 새로운 희망을 심어 주는 일을 하지 않고는 견딜 수 없을 것이다."[221]

노년의 하나님의 사람들은 하나님의 말씀을 섭취하고 묵상하면서 기도할 때 말씀의 의미와 그 맛을 꿀송이처럼 단맛으로 체험할 수 있어야 한다. 여호와의 말씀을 즐거워하여 주야로 묵상하는 사람은 철을 따라 열매를 맺으며 잎사귀가 마르지 아니함 같다고 한다(시 1:2-3).

그리고 요한복음 15장에서는 예수님이 일러준 말로 이미 깨끗하여졌으니 예수님 안에 거하면 그 사람은 열매를 많이 맺음으로 예수 그리스도의 제자가 된다.

---

219 헨리 나우웬, 『예수님의 이름으로』, 44.
220 히버트, 『선교와 문화인류학』, 282.
221 나우웬, 39.

> 너희가 내 안에 거하고 내 말이 너희 안에 거하면 무엇이든지 원하는 대로 구하라 그리하면 이루리라 (요 15:7).

7절의 이 기도는 전도의 열매 맺는 삶을 위한 기도이고, 16-17절은 서로 사랑하는 삶을 위한 기도이다. 기도는 전도(삶)의 열매와 성품적 열매인 거룩함에 이르는 열매와 영생에 이르는 열매를 맺는 토대가 된다 (요 15:5, 16; 롬 1:13; 15:28; 6:22; 요 4:36; 갈 5:22; 엡 5:9; 빌 1:9-11; 히 12:11).

요한복음 17장을 보면 예수님의 기도에서 "아버지여, 아버지께서 내 안에, 내가 아버지 안에 있는 것 같이 그들도 다 하나가 되어 우리 안에 있게 하사 세상으로 아버지께서 나를 보내신 것을 믿게 하옵소서"(요 17:21)라고 간구하심으로써 우리가 예수 그리스도 안에서 하나님과 그리고 구원받은 성도와 어떻게 연합될 수 있는지를 알려 주신다. 이것은 기도의 핵심이다.

참된 기도는 본능을 넘어 하나님의 선물이다.[222] 가장 온전한 기도란 하나님이 거룩한 말씀과 은혜로 시작하신 대화를 끊임없이 이어가서 마침내 주님과 온전히 만나는 단계에 이르는 일이다.[223] 그러므로 성경적 기도는 쌍방향 소통이며, 인격적인 교제와 사귐이다.[224]

(3) 소견에 좋은 대로 하는 기도는 비극이다

기도의 본질에 대한 심각한 오해를 하고 있을 때 기도를 도깨비방망이나 자동판매기 정도로 취급하는 경향이 있다.[225] 예수님의 제자들인 우리가 가장 먼저 구하고, 또 항상 반드시 구해야 하는 것이 있는데 바로 성령

---

222 켈러, 『기도』, 60.
223 Ibid., 77.
224 정성욱, 『한국 교회, 이렇게 변해야 산다』, 226.
225 Ibid., 224.

이다.[226] 사람들은 어떤 문화에 속해 있든지 기도를 한다.[227] 기독교에만 기도가 있는 것이 아니다. 불교나 힌두교도도 나름의 기도를 한다. 다른 문화권에서는 노래로 기도를 하기도 한다.

종교라면 코웃음을 치는 이들 마저도 기도를 한다.[228] 기도는 마술이나 주문이 아니다.

> 마음이 내키는 대로 따라가노라면 마침내 실제로 존재하지 않는 하나님을 지어내는 지경에 이르기 십상이다. 서구 문화 속에서 자란 이들은 사랑이 넘치고 용서를 베푸시는 하나님은 좋아하지만 거룩하고 초월적인 하나님은 반기지 않는다. 그래서 이들의 영적인 삶을 조사해 보면 회개하던지 죄를 용서받은 기쁨은 찾아보기 어려운 게 사실이다.[229]

인본주의 사상에 빠진 현상이라고 본다.

1970년대까지도 한국에 호롱불을 켜고 살던 시골 마을들이 많이 있었다. 그 마을들에 전기가 들어갈 수 있도록 정부에서 많은 애를 쓰고 있었다. 마을 사람들은 이 소식을 듣고 한결같이 기뻐하고 좋아했다. 그런데 약 30여 가구가 모여 사는 작은 한 농촌 마을에서는 나이가 많으신 이장 할아버지가 마을에 전기가 들어오는 것을 완강히 반대를 하고 나섰던 것이다. 이유는 조상 대대로 이어서 내려오고 있는 호롱불, 다른 말로 역사와 전통을 이어오고 있는 호롱불인데 마을에 등잔불의 전통이 없어지고, 서양 빛 귀신이 들어오는 것을 용납할 수 없다는 것이었다.

---

226 정성욱, 『한눈에 보는 십자가 신학과 영성』, 122.
227 히버트, 『선교와 문화인류학』, 248.
228 켈러, 『기도』, 61-62.
229 Ibid., 96.

서양 빛 귀신이 우리 마을에 들어오도록 내버려 두고 어떻게 저세상에 가서 전통을 잘 지키고 전수해주신 조상님들의 얼굴을 뵙겠느냐며, 조상님들이 물려주신 이 등잔불 전통을 절대로 없앨 수 없다고 했다는 것이다. 한때는 한국 문화를 '한(恨)의 문화'라고 불리던 때가 있었다. 지금까지의 한국의 역사가 그만큼 순탄치 않았기 때문이었을 것이다.

여기에서는 한의 개념이나 형태들을 논하려는 것이 아니고, 지금 현재의 노년에 접어든 사람들은 이러한 정서가 무엇인지를 알고 있다고 보고, 어떤 문화이든지 전통문화라고 해서 모두를 긍정적인 것으로만 생각하려는 것은 바람직하지 않다는 것[230]을 이야기하고자 함이다.

팀 켈러가 말했듯이, 문화에는 긍정적인 면과 부정적인 면이 함께 있는 것처럼 전통문화에도 이러한 이중성이 들어있기 때문이다.

이러한 정서에서의 기도는 어떤 모습일까?

하나님의 말씀 안에서의 기도는 어떤 모습일까?

깊이 생각해 보는 것은 기도가 하나님의 마음에 합한 기도가 되게 하기 위해서 필요적절한 일인 것이다.

"대체로 노인들은 '조금 불편한 것이 좋다'면서 뭐든지 구식으로 남아 있기를 좋아한다. 벌써 몇 년 전 얘기인데, 2000년 무렵, 나의 어머니는 전자동 세탁기를 들여 놓으면 가출을 하겠다고 엄포를 놓았다"[231]는 얘기가 별스럽게 들리지 않는다.

"리처드 린츠는 신학적 비전의 한 요소로 '전통을 어떻게 이해하느냐'의 문제가 있다고 지적한다."[232] 이런 면에서 우리가 신학적 혹은 교회사적 전통이든, 아니면 문화적 전통이든, 전통안에 서 있는 사람들이 되어서는 안 될 것이다. 그리스도인들이 문화 안에서 신앙생활을 하고 있기 때

---

230 최길성, 『한국인의 한』, 14
231 고광애, 『아름다운 노년을 위하여』, 30
232 팀 켈러, 『센터 처치』, 36

문에 문화를 어떻게 이해하고 이 안에서 어떻게 살아야 하는지에 대한 인식이 필요하지만, 오직 예수 그리스도 안에서 성령의 도움으로 진정한 인간 이해와 구원 그리고 소명에 따른 가치의 삶을 살 수 있다는 것을 간과해서는 안 되기 때문이다. 노년에 접어들어서는 이 부분에 분명한 점검과 이해, 그리고 믿음이 있어야 할 때이다.

외인에게 대해서는 지혜로 행하여 세월을 아끼라(골 4:5)고 말씀한다. 세상 문화 속에서 사는 인생이기 때문에 '외인에게 대해서'라는 말씀을 깊이 생각해야 한다. 에베소서 5:6-17에서 "누구든지 헛된 말로 너희를 속이지 못하게 하라 하면서 빛의 자녀들처럼 행하라"고 말씀하고 나서 "너희는 열매 없는 어둠의 일에 참여하지 말고 도리어 책망하라"고 하신다. 그리고 "잠자는 자여 깨어서 죽은 자들 가운데서 일어나라 그리스도께서 너에게 비추이시라 하시고 … 오직 지혜 있는 자 같이 하여 세월을 아끼라 때가 악하니라 … 오직 주의 뜻이 무엇인지 이해하라"고 하신다.

그리고 데살로니가전서 5:16-18에서는 기도하는 것은 하나님의 뜻이라는 것을 분명하게 밝히고 있다. 노년의 기도의 삶을 통해도 하나님이 기뻐하시는 삶, 열매 있는 삶을 위해 지혜로 세월을 아껴 빛의 자녀들로 살도록 안내할 수 있기를 소망한다.

전통은 문화 속에 흐르는 시대적 삶의 한 방식이라고 할 수 있다. "우리 문화는 시간에 대한 이해, 갈등 해결, 문제 해결, 그리고 심지어 사고하는 방법에까지 영향을 미친다."[233] 때문에 전통적인 것들을 너무 고집해서는 안 된다. 그런데도 그 방식을 신념처럼 생각하고 고집할 때 하나의 종교적 형태가 되어버리는 경향이 있음을 알게 된다.

---

233 팀 켈러, 『센터 처치』, 192.

"지구 위에 사는 인간은 누구나 일정한 방식으로 행동해야 한다는 기묘한 생각을 갖고 있으며, 그 생각을 떨쳐 버리지 못한다."[234] 새로운 것을 접해보지 못한 상황에서 호롱불이 전통이라고 생각하고 다음 세대에 전해주려 하는 자세에서 한 동네라고 하는 사회문화는 그러한 틀 속에서 유지되고, 그러한 틀 안에서 삶을 마감하고자 하면서 조상을 볼 면목을 말하는 종교적 형태가 된 극히 미신적인 신념 속에 묶여 있는 모습은 참 안타깝다.

이것은 하나의 단편적인 이야기 이지만 많은 사람이, 특히 나이가 많은 옛날 노인들이, 더욱 어떤 전통적인 문화나 신념(관념)에 갇혀 있을 수 있다. 심지어 그리스도인들 조차도 "복음을 순전히 전통의 관점에서 보려는 시도들을 하는데, 문제는 그 전통이 십자가에서 이루신 그리스도의 구속사적 사역과는 현실적인 관계성이 전혀 없다는 것이다."[235]

노년에 이른 사람들에게 구습을 따르는 옛 사람을 벗어버리고 새 사람을 입을 수 있다는 생각을 갖게 하는 것은 필요 불가결한 일이라고 본다.

새로운 일들에 대한 마음이 열릴 가능성이 있는가?

새로운 인생을 시도해보고 싶은 마음이 일어날 수 있는가?

이런 질문들을 가지고 너희는 이렇게 기도하라(마 6:5-13)고 하신 예수님의 가르치신 모범의 기도 틀 위에서 기도할 수 있게 되기를 원한다.

기도의 대상은 분명코 하나님이어야 하며, 오직 예수 그리스도의 이름으로 성령의 인도하심을 따라 기도하는 것이다.

(4) 기도를 배워야 한다

말씀 묵상을 하면서 기도를 배우는 것은 성경적 기도의 기초다. 말씀 묵상은 기도로 들어가는 문턱이다. 기도가 참으로 하나님과 나누는 대화

---

[234] 루이스, 『순전한 기독교』, 33
[235] 켈러, 『센터 처치』, 26

가 되려면 규칙적으로 성경을 깊이 묵상하고 그분의 거룩한 음성을 듣는 과정이 있어야 하는 것은 필수적이다.[236] 하나님은 우리에게 말씀을 통해 말씀하신다. 말씀을 중심으로 하는 기도는 우리를 아시고 사랑하시는 하나님과 함께 나누는 영적 대화가 된다.[237]

너희는 이렇게 기도하라(마 6:9-13) 하신 주님의 기도문 속에 또한 배움의 길이 있다.[238] 우선 주기도문이 너무나 익숙한 기도로 인식되어 있는 생각을 바꿔야 한다. 그리고 이 기도의 가르침이 얼마나 귀하고 권세 있는 기도인지를 알아야 한다. 그러기 위해서 구절 안에서 의미별로 묵상하면서 기도하는 일에 대하여 배우고 훈련을 할 필요가 있다.

"기도를 배울 때는 일정한 시간, 특별한 장소 (골방이라 할 수 있는 혼자만의 장소), 그리고 단일한 초점을 떼어놓는 것이 중요하다."[239] 하나의 목표를 가지고 기도하는 법을 배우다 보면 우리의 내면생활이 온갖 할 일들로 가득 차 있어서 얼마나 혼란스러웠는지 깨닫게 되는데, 한 가지 일에 집중하여 한 가지 초점으로 돌아가야 한다. 다른 말로 하면, 잡념이 기도를 방해하지 못하게 하고 하나님이 원하시는 기도에 집중하는 것이다.[240]

(5) 중보기도

중보자는 오직 예수 그리스도 한 분뿐이시다. 그런데 우리가 중보기도자가 될 수 있는 것은 예수님을 믿고 영접하였기 때문이다(요 1:12; 갈 2:20). 성경 말씀 안에서 중보기도를 찾아보면, 디모데전서 2:1에서 "그러므로 내가 첫째로 권하노니 모든 사람을 위하여 간구와 기도와 도고와 감

---

236 켈러, 『기도』, 205.
237 나우웬, 『영성 수업』, 87.
238 켈러, 159.
239 나우웬, 『영성 수업』, 91.
240 Ibid., 94-95.

사를 하되"라고 말씀한다.

여기에서 모든 사람을 위한 기도를 중보기도라 한다. 자신을 위한 기도가 아니라 "중보기도는 글자 그대로, 나를 위한 기도가 아니라 다른 사람을 위해서 하는 기도다."[241] 그리고 '간구와 기도와 도고와 감사'의 네 가지 기도의 종류를 말씀하는 중에 '도고'를 중보기도라 한다.

구약성경에서의 한 가지 예는, 이스라엘 백성이 하나님께 죄악을 범하여 징계를 받게 된 상황에서 모세가 하나님과 백성 사이에 들어가 하나님께 간구하며 기도하는 것을 중보기도라 한다(출 32:1-14; 민 21:4-9).

신약성경에서의 한 예는, 사도 바울이 하나님의 백성을 위한 기도가 서신서에 생생하게 기록되어 있다(엡 3:14-21; 6:24). 이것이 중보의 기도이다.

(6) 중보기도의 필요성과 중요성

디모데전서 2:2-4에 보면 기도의 네 가지 형태가 나온다.

> 이는 우리가 모든 경건과 단정함으로 고요하고 편안한 생활을 하려 함이라 이것이 우리 구주 하나님 앞에 선하고 받으실 만한 것이니 하나님은 모든 사람이 구원을 받으며 진리를 아는데 이르기를 원하시느니라(딤전 2:2-4).

그중에 "모든 사람이 구원을 받으며 진리를 아는데 이르기를 원하신다"라는 내용은 중보기도의 필요성과 중요성을 알게 한다. 그리고 자신과 그리스도의 공동체가 함께 경건과 단정함으로 고요하고 평안한 신앙생활 - 하나님의 사랑이 흘러 나는 신앙생활 - 에 있어 그 중요성을 알게 된다.

사도 바울은 왕성한 사역을 하면서도 성도들에게 자신의 복음 사역을 위해 기도를 자주 부탁했다. 그리고 또 여러 성도를 위해서 기도를 부탁

---

[241] 홍성건, 『하나님이 찾으시는 사람』(서울: 예수전도단, 2003), 108.

했다(엡 6:18, 19). 노년에 기도하는 일은 제자의 삶으로써 하나님의 나라 부흥을 위해 무엇으로도 대체할 수 없을 만큼 필요하고도 중요한 일이며, 열매를 분명하게 기대할 수 있는 보람된 일이다.

나이 많은 나 바울은 지금 또 예수 그리스도를 위하여 갇힌 자 되어 갇힌 자 중에서 낳은 오네시모를 위하여(몬 9, 10) 라고 한 말씀에 도전을 받은 사람은 노년에도 기도의 사명을 멈출 수 없다.

팀 켈러는 직업을 하나님의 부르심(소명)으로 본다는 마르틴 루터의 글을 인용하면서 "모든 일은 그것이 아주 하찮은 일이라 하더라도, 하나님이 세상에서 일을 행하시는 방법이다. 그러므로 모든 일은 하나님이 주시는 소명이다"[242]라고 말한다. 하나님은 우리의 기도를 통해 일하시며 앞으로도 계속 일하신다는 것을 상기할 필요가 있다.

정성욱 교수는 그의 책에서 "모든 삶의 영역이 하나님 앞에서 신성하고 거룩하며, 의미가 있는 영역임이 분명해졌다"[243]고 말한다. 그러면서, "모든 그리스도인은 참된 의미의 성직과 소명을 받은 자로서 세상 가운데서 믿음을 지키며 꿋꿋이 그리스도의 제자도를 실천해 가야한다"[244]라고 말한다. 그런데, 제자도로서 기도의 소명을 실천하려 할 때 골방에 들어가서 해야 하는 일로 고독한 일이기 때문에 쉽지 않다. 기도의 열매에 대해서는 자신만 알 수 있는 일이다.

기도는 오직 하나님께서 귀히 보시며 얼마나 기뻐하시는지에 대한 믿음이 분명할 때 쉬지 않고 실천할 수 있는 일이다. 수년 동안 노인 사역을 통해 노년에 하나님을 섬길 수 있는 최선의 길은 기도 - 중보기도 하는 일이라고 보았다. 더욱이 한정된 요양원 안에서 생활하는 노년의 사람과 거동이 불편하여 외출이 자유롭지 못한 노인들도 기도를 통해 하나님의 일을

---

242 팀 켈러, 『센터 처지』, 441.
243 정성욱, 『한국 교회, 이렇게 변해야 산다』, 63.
244 Ibid., 123.

계속해서 이루어 갈 수 있다. 노년의 삶을 살아가는 모두에게 믿음으로 기도하는 일만큼 하나님을 기쁘시게 할 수 있는 일이 없다(히 11:6).

기도는 자신에게 주어지는 은혜만 아니라, 예수 그리스도의 사역에 부흥의 기초다. 1907년에 대한민국 평양에서 시작된 부흥이 그것이다. 팀 켈러는 '복음적 부흥'을 설명하면서 키드너의 부흥이 어떻게 오는지에 대한 시편 126편 주석을 소개하는데, 그중에서 5-6절만을 소개한다.

"가장 힘든 시기에 경작 … 그들은 물 근원이 없어서 자신들의 눈물로 땅을 적신다 … 사람들의 척박한 마음을 보며 눈물로 씨를 뿌리지만 …"[245]

여기에서 열매를 거둠에 대한 소망은 매우 긍정적이라 했는데, 그것은 마지막 6절 때문이다. 반드시 기쁨으로 그 곡식 단을 가지고 돌아오리로다 라고 말함으로써 기도의 열매를 역설한다. 노년의 의인으로서 기도와 열매 맺는 제자도의 삶과의 관계에 대한 중요성을 알게 한다. 노년에 있는 그리스도인들이 성경적 관점에서 하는 기도는 어떤 것인가를 배우고 훈련할 필요가 있다. 노년에 있는 그리스도인들이 쉬지 않고 예수 그리스도의 이름으로 아버지께 무엇을 기도드리고 구하든지 다 응답받게 되는 삶으로 인도되는 것이 하나님의 뜻이다.

기도를 고된 노동에 비유하기도 하는데[246] 기도하는 일을 농사하는 일과 같은 맥락에서 생각할 수 있다. 앞에서도 시편 126편을 이야기했듯이 중보기도란 눈물을 흘리며 씨를 뿌리는 일과 같은 것이다. 중보기도가 농사 일처럼 처음에는 잘 심겼는지, 싹이 날 것인지, 열매를 맺을 것인지를 기다려야 하기 때문이다. 분명한 것은 "반드시 기쁨으로 그 곡식 단을 가지고 돌아오리라"는 말씀과, 믿음의 기도는 그대로 이루어진다(막11:24; 마 21:22)고 하신 예수 그리스도의 약속대로 결실하게 된다.

---

245 켈러, 『센터 처치』, 174.
246 Ibid., 178.

'나이 들어서 내 자신을 위해서도 기도를 잘하지 못하는데 다른 사람들을 위한 중보기도라니?'
'내가 어떻게 할 수 있겠나?'
'다른 사람들이 늙은이들을 위해 기도해주어야 하는 것 아냐?'

이렇게 미리 걱정하는 노인들이 있다.
"우리는 기도를 통해 기도를 배운다"[247]라는 말과 같이 성경 말씀 안에서 기도하는 예수님의 제자는 자연스럽게 중보기도를 하고 있고 그 중요성을 배워가고 있는 것이다.

그러므로 예수 그리스도 안에서 하나님 사랑의 마음으로 세상을 바라보는 사람이 중보기도 하는 사람이다. 고도로 첨단화 되었다고 하는 현대의 삶에 뜻하지 않은 코로나19 같은 전염병, 기아와 가난, 재난, 그리고 전쟁 같은 비참한 일들이 계속되고 있다. 이런 상황에서 기도하는 사람뿐만 아니라 세상 사람들도 질문해야 한다.

> 이러한 공포들이 어떻게 사랑의 하나님과 조화될 수 있는가?
> 하나님은 왜 그런 것을 허락하고 있는가?
> 기독교는 이 고뇌에 찬 질문들에 그럴듯한 해답을 줄 수가 없다. 그러나 그것들은 하나님의 사랑을 증거하고 있다. 이 증거는 바로 십자가이다.[248]

도저히 사랑받을 수 없는 우리를 위해서 고통을 당하시고 십자가에서 모진 형벌을 당하고 죽으신 예수님을 통해 하나님의 사랑을 값없이 확증받았다(롬 5:8). 십자가는 하나님 아버지께로 돌아가는 길의 시작점이 되

---

247 맥시 더남, 『중보기도』, 구교환 역 (서울: 세복, 2001) 11.
248 존 스타트, 『그리스도의 십자가』, 지상우 역 (서울: CLC, 1988), 284.

었다는 것을 세상이 알아야 한다. [249] 기도를 통해 세상이 이를 알게 되어야 한다(요 17:20-23).

누가복음 15:11-24에 나오는 둘째 아들의 이야기, 곧 탕자의 이야기처럼, 허랑방탕하다가 그 재산을 낭비하고 어려운 처지가 될 때에야 아들을 기다리고 기다리는 아버지의 집으로 돌아오는 눈물겹고 고통스러운 이야기를 노년이 되어서도 잊을 수 없는 것이다.

정성욱 교수는 "'밝고 행복한 종말론'이란 예수님의 신부로서 자기 정체성을 확인한 교회가 행복한 기대감으로 신랑 되신 예수님의 재림을 기다리도록 돕는 종말론을 뜻한다"[250]는 것을 말하면서 요한계시록 17:17을 인용하여 "인간적으로 보기에 일어나지 않았어야 할 사건들도 결국에는 하나님의 거룩한 뜻과 말씀이 이루어지게 하기 위한 하나님의 초월적 섭리임을 밝혀 주고 있다"[251]고 말한다.

성경이 하나님의 말씀이 응하기까지 만이라고 말씀한다(계 17:17). 그러므로 어떤 상황에서도 두려워하거나 슬퍼하지 말고 오직 하나님의 사랑하심을 믿고 의지하여 서로 사랑하라는 것이다.

(7) 중보기도의 내용

중보기도자의 임무를 생각한다면 특별히 "왕 같은 제사장들이요"라고 하신 말씀에 유의해야 한다. 왕 같은 제사장이라는 말씀을 온유함(옥토가 된 심령)으로 받는다면 그 임무가 무엇인지 알게 되고 순종할 수 있게 된다. 제사장의 임무 중에서 핵심 되는 임무는 백성의 죄를 속죄하는 일이며 백성을 축복하는 일이다. 만 왕의 왕이신 주 예수 그리스도와 더불어

---

249 옥한흠, 『시험이 없는 신앙생활은 없다』 (서울: 두란노, 1989), 16.
250 정성욱, 『밝고 행복한 종말론』 (경기도: 출판그룹, 2016), 13.
251 Ibid., 273.

영광스럽게 생명 안에서 왕 노릇 하는 자가 된 것이다(롬 5:17).[252]

레위기 16:17-24에서는 속죄하는 임무를 말씀하며, 민수기 6:22-27에서는 축복하는 임무를 말씀한다. 사도행전에서는 "하나님이 그 종을 세워 복 주시려고 너희에게 먼저 보내사 너희로 하여금 돌이켜 각각 그 악함을 버리게 하셨느니라(행 3:26)"고 말씀한다. 노년에 제자도의 삶을 살아가는 사람들은 틀림없이 예수 그리스도 안에서 제사장의 직분을 상기하고 백성들의 죄악을 용서하여 주시도록 중보기도 하는 사람들이며, 또한 백성들의 축복을 위하여 중보기도 하는 사람들이다.

디모데전서 2:1-4에서 중보기도를 살펴보자.

첫째, 모든 사람을 위해 기도하는 것이다.

둘째, 자국과 각 나라 대통령을 위해 기도하고, 그리고 높은 지위에 있는 사람들을 위해 기도하는 것이다.

그리고 첫째로 "권하노니 모든 사람을 위하여 간구와 기도와 도고와 감사를 하되"라고 한 내용의 전체적인 면에서 볼 때 하나님의 나라를 위하여 기도하는 것이다. 하나님의 구원 되어야 할 백성들을 위하여 하는 기도가 중보기도다. 우리는 누가 죄인이고 누가 의인인지 모른다. 사울이 바울이 되기 전에는 죄인인 것 같았다. 그런데 그가 회개하고 난 후에 예수 그리스도를 위해 어떤 고난을 감당했는지 보여 주었다.

그러므로 우리는 남녀노소 구분하지 않고, 마태복음 28:18-20의 말씀대로 하나님께서 잃어버린 백성을 찾고 찾으시는 애타는 마음을 이해하는 사람들이 중보기도자들이고 예수님의 제자들이다. 이 일이 땅끝까지 속히 이루어지도록 기도해야 한다.

---

[252] 천종수 편집위원, 『크로스 종합주석 20 히브리서-요한계시록』, 433.

분명 노년에 있어서 젊은 세대를 생각하면서 예수 그리스도의 몸(그의 몸 된 교회)을 생각하고 연합을 위해 기도해야 한다. 하나님께서 예레미야 선지자를 통해 우리에게 부르짖어 기도할 것을 말씀하신다.

> 초저녁에 일어나 부르짖을 지어다 네 마음을 주의 얼굴 앞에 물 쏟 듯 할지어다 각 길 어귀에서 주려 기진한 네 어린 자녀들의 생명을 위하여 주를 향하여 손을 들지어다 (애 2:19).

우리가 제자로서 예수님을 따라야 하는 것은 승천하신 우리 예수님은 성도들을 위하여 지금도 기도하시는 중보 사역을 감당하고 계신 일이다.[253] 우리의 하나님은 우리를 인격적으로 대하기 때문에 기도를 강압적으로 시키지 않으신다. 단지 우리에게 기도의 동기를 부여하시고 자원하여 행하기를 원하신다. 예수님이 그 모범이다.

(8) 중보기도자의 위치와 영향력

모세의 중보기도가 얼마나 영향력이 있었는지 출애굽 과정과 광야를 지나는 상황에서 보여 준다. 대표적으로 출애굽기 32장을 보면, "이스라엘 백성의 큰 죄악을 인해 여호와께서 또 모세에게 이르시되 내가 이 백성을 보니 목이 뻣뻣한 백성이로다. 그런즉 내가 하는 대로 두라 내가 그들에게 진노하여 그들을 진멸하고 너를 큰 나라가 되게 하리라"(출 32:9-10) 말씀할 때 모세의 중보기도를 본다.

모세가 그의 하나님 여호와께 구하여 이르되 … 주의 맹렬한 노를 그치시고 뜻을 돌이키사 주의 백성에게 이 화를 내리지 마옵소서"라고 한다. 하나님께서 즉각 응답하셨다.

---

253 정성욱, 『밝고 행복한 종말론』, 24.

여호와께서 뜻을 돌이키사 말씀하신 화를 그 백성에게 내리지 아니 하시니라(출 32:11-14).

중보기도는 이렇게 놀라운 영향력을 갖고 있다.
에스겔 22:30에서 다음과 같이 말씀한다.

이 땅을 위하여 성을 쌓으며 성 무너진 데를 막아서서 나로 하여금 멸하지 못하게 할 사람을 내가 그 가운데에서 찾다가 찾지 못하였으므로(겔 22:30).

여기에서 중보기도자의 영향력은 '이 땅을' '멸하지 못하게 할 사람'이다. 이 말씀을 주목해 보면 하나님과 하나님의 백성들의 삶이 무너지는 사이에 서서 무너지지 않을 수 있도록 중보기도 할 사람을 찾는다. 진정한 중보기도는 하나님의 백성의 삶이 타락하지 않도록, 무너지지 않도록 하나님 앞에서 기도하는 영향력 있는 사람이다.

또 한 가지 영향력은 악한 원수를 대적하는 영향력이다.

마귀를 대적하라 그리하면 피하리라(약 4:7).

기도자는 마귀의 간계를 능히 대적하기 위해서는 하나님의 전신 갑주를 입어야 한다(엡 6:11).

(9) 중보기도자의 영적 싸움

그리스도인이라면 영적 싸움 안에 있다는 것을 알아야 한다. 중보기도자는 더욱 이 사실을 상기하고 있어야 한다. 왜냐하면, 마귀는 우는 사자와 같이 삼킬 자를 두루 찾기 때문이다. 에베소서 6장은 노년에 있는 하나님의 백성에게 특별히 관심을 갖게 되는 말씀으로 볼 수 있다. "너희가 악한 날에 능히 대적하고 모든 일을 행한 후에 서기 위함이라"는 말씀 때문이다. "일을 행한 후"라는 것은 인생의 후반부라는 것으로 적용해도 무리가 없다.

이 말씀을 노년에 더욱 상기해야 함을 인식하면서 11절을 보면, 마귀의 간계를 능히 대적하기 위하여 라고 한다. 즉 영적 싸움을 명백하게 말씀하고 있다. 18절에서는 모든 기도와 간구를 하되 항상 성령 안에서 기도하고 이를 위하여 깨어 구하기를 항상 힘쓰며 여러 성도를 위하여 구하라 한다. 여기에 기도와 중보기도가 들어 있고, 영적 싸움이 들어 있는데 영적 싸움은 성령 안에서(복음서를 통해 보면, 예수님과 함께) 기도함으로 승리하고 마지막까지 예수 그리스도 안에 설 수 있다는 것을 하나님께서 바울을 통해 유언처럼 말씀하고 있다.

만일 우리가 누군가에게 책임지는 관계에 있지 않다면, 우리는 반복적으로 미끄러지고 쓰러질 것이다.[254] 오늘날 우리가 살고 있는 서구 사회와 마찬가지로 1세기 로마 사회에서도 다른 사람들을 돌보지 않는 개인주의가 팽배해 있었기 때문에, 신약 교사들은 세상에서 이웃을 사랑하라고 강력히 요구했다.[255]

예수님이 주신 새 계명을 말하고 있다는 것을 상기할 때 이웃을 사랑하는 사람이 중보기도자로 부르심을 받았다는 것을 알게 된다. 이 사실은 노년에 있어서도 자신의 정체성에 대한 확인이요 열매 맺는 제자의 삶이다. 기도하는 이 영혼은 사랑으로써 역사하는 믿음의 사람, 하나님의 사람이다.

(10) 기도-중보기도의 궁극적 목표

기도-중보기도에 대해 궁극적 목표를 말하고자 할 때 요한복음 17장에서 예수님이 유언으로 기도하신 내용에서 그 목표를 찾는다. 예수님은 지

---

254 켈러, 『센터처치』, 656.
255 제임스 패커, 『당신을 향한 하나님의 계획』, 251.

금도 우리를 위하여 하나님 아버지께 대언하고 계신다. 하지만, 이 땅에서의 사역을 끝마치고 하나님 우편에 올라가시기 전에 드린 간절한 기도이기 때문에 유언 적 기도라 한다. 이 유언 적 기도와 하나님 우편에 계시면서 드리는 대언의 간구를 중보기도라 한다.

중보기도의 궁극적 목표는 하나님의 백성 모두가 구원받고 하나가 되어 삼위일체 하나님 안에 함께 있게 되는 것이다(요 17:21). 이로써 세상이 하나님 아버지께서 아들 예수 그리스도를 세상에 보내신 것을 믿게 하는 것이다. 사랑은 자기의 유익을 구하지 아니하고(고전 13:5), 예수님께 사랑받는 것처럼 서로 사랑하는 것(요 14:12)이다. 기도 - 중보기도는 이 사랑의 동기에서 시작되며, 서로서로 위해 기도하는 사람들, 혹은 그룹들과 연결되는 고리를 통해 땅끝까지 네트웍이 이루어져 모든 그리스도인이 하나인 것을 알게 하는 것이다.

> 모든 겸손과 온유로 하고 오래 참음으로 사랑 가운데서 서로 용납하고 평안의 매는 줄로 성령이 하나 되게 하신 것을 힘써 지키라(엡 4:2-3).

이 말씀처럼 중보기도는 오직 예수 그리스도의 이름으로 온유와 겸손으로 하며, 오래 참음의 사랑으로 하는 것이다. 이 땅에서의 삶이란 우리가 사랑을 받고, 사랑이 깊어지고, 사랑가운데서 성숙해지고, 사랑을 줄 수 있는 기회이다.[256]

서로를 위해 기도하는 것은 서로 용납하고 평안의 매는 줄로 한 소망 안에서 부르심을 받은 한 형제로서 사랑의 하나님이 거할 처소로 함께 지어져 가는 중요한 요소 중에 하나다. 이로써 세상이 예수 그리스도만이 하나님이 세상에 보내신 구원자이심을 알고, 믿게 된다. 여기에서 우리의

---

[256] 나우웬, 『영성에의 길』, 10.

사랑의 정체성이 확립되고, 소명 의식이 새로워지며, 말씀 안에서 기도하는 사람으로서 늙어도 결실하게 된다. 축복의 통로가 되는 제자의 삶을 이룬다.

제4장

연구 질문과 설계

1. 서론

본 연구 논문의 전제는 덴버포에버선교회 사역을 통해 노년의 사람들이 제자도의 삶을 강화함으로써 '늙어도 결실하며 진액이 풍족하고 빛이 청청한'(시 92:12-15) 활기 있는 삶을 위한 것이었다. 이를 위하여 구원의 확신, 정체성 확립, 소명 의식 정립, 기도-중보기도에 대하여 점검함으로 새롭게 세워야 할 점은 무엇이며, 고쳐야 할 점은 어떤 것이며, 더 온전하게 보강해야 할 점은 무엇인가를 찾아내는 것이었다.

그러므로 세워야 할 바를 세우고 해결해야 할 문제를 해결함으로써, 실천적 제자도의 삶을 통해 다음 세대나 사회에 부담이 되는 사람이 아니라, 오히려 영적 유산을 물려주는 사람으로 축복의 통로가 된다. 노년에 제자도의 삶을 잃어버린다는 것은 많은 노인이 하나님 나라의 가치를 잃어버린 채로 사는 것과 같은 것이다. 노년의 사람들이 제자도의 가치를 받아들였을 때, 그들은 그들의 가치관만 아니라 행동에도 변화가 일어날 수 있다.

예수 그리스도의 몸 된 교회의 공동체에 대한 생각이나 다른 사람들에게 다가가는 마음과 행동에 성령의 나타나심과 능력의 역사가 일어나도록 기도하는 사람이 된다. 그렇게 함으로써, 노인들이 남은 여생을 자녀나 다음 세대에 부담이 되는 삶이 아니라, 오히려 영적으로 결실된 생명의 유산을 물려줄 수 있게 된다. 영적으로 성숙하게 되는 제자도의 주목표 중 하나는 노년으로 하여금 자신에게 이미 뭔가 내어 줄 것이 있다는 것을 깨닫도록 돕는 것이다.[1]

2. 연구 질문

노년의 사람들에게 8주 혹은 12주 동안 제자도를 교육하고 훈련한다면 노년에도 하나님의 영광을 품고 신실한 하나님의 사랑으로 다른 사람들을 위해 기도하며, 다가가며 예수님처럼 사랑하는 축복의 통로가 될 수 있을까?

노년이라고 해서 그리스도인으로서 제자도의 삶이 실천되지 않고 있다면, 주님이신 예수 그리스도께서 어떻게 보실까?

이 연구는 노년의 결실을 위한 제자도의 삶을 고취하기 위한 것이다. 많은 사람이 노년에 들어서면 제자의 삶을 왜 소홀하게 생각하는지, 더 이상 제자로서의 삶에 관심이 없는지에 대하여 관찰하고 계속해서 제자의 삶을 실천함으로써 노년에 결실할 수 있도록 돕기 위한 것이다. 그 결과 다른 사람들을 향하여 축복의 통로가 되도록 훈련하기 위한 것이다.

우리가 알고 있는 노인들 중에 몇 퍼센트 정도가 제자의 삶을 신실하게 실천하고 있다고 할 수 있을까?

---

[1] 나우웬, 『영성 수업』, 26.

미국의 다문화적 환경에서 이민자로 살아가는 노인들의 신앙생활에 있어서 연약한 점은 무엇인가?

신앙생활에 대한 정보들이 인터넷 매체들을 통해 급속하게 퍼지고 있고, 영적 삶에 대한 정보가 넘쳐나는 시기에 있는데 왜 세상적이고 육체적인 일에 더 끌리는가(롬 8:1-17, 정체성의 문제)?

무엇을 어떻게 해서 노년에 있는 사람들을 계속된 열매와 활기찬 삶을 살아가도록 도울 수 있는가(소명 의식의 문제)?

노인에 대한 성경적 관점을 생각하면서 노년에 있는 사람들을 어떻게 훈련하면 히브리서 11장에 나오는 사람들과 같은 믿음의 사람들이 될 수 있을까?

제자들과 같은 믿음으로 예수님의 분부하신 것을 지켜 행하게 할 수 있나?

그리고 제자도의 실천으로서의 기도를 어떻게 감당하게 할 수 있을까?

이런 질문들을 가지고 훈련을 설계한 것이다.

1) 연구 전제

이 연구는 다음과 같은 전제를 가지고 있다. 노년기에 있는 사람들에게 제자도를 교육하고 훈련하여 온전한 제자로서의 삶을 재정립 할 수 있다는 것이다. 제자도의 영성을 회복하게 되었을 때 노년에도 하나님의 영광을 품고 신실한 하나님의 사람으로 역동적인 삶을 살아갈 수 있다. 하나님의 사랑으로 기도하며, 이웃에게 먼저 다가가며, 예수님의 제자로 성숙하여 다른 사람들을 위한 축복의 통로가 될 수 있다.

이 사람들의 태도나 결단 및 행동의 변화가 분명한 것이다. 노년에 있는 사람들이 예수 그리스도의 제자도의 삶으로서 최상으로 실천할 수 있는 성경적 기도 - 중보기도에 중점을 두었다. 노년의 사람들이 구원의 확신을 갖게 되고, 하나님께로 부터 부르심을 받은 정체성과 소명이 확립된다.

많은 노년의 그리스도인이 구원의 확신의 결여로 자신의 진정한 정체성이 확립되어 있지 못한 상태에서 구원의 확신으로 마음이 새롭게 되며 확립된 정체성으로 삶의 변화가 분명하게 이루어진다(롬 12:1-2). 소명 의식이 없이 세속적인 욕망을 품고 살다가 노년에 이르러 욕망이 물거품이 되었다고 생각될 때 큰 좌절을 겪게 되었던 삶의 자세가 바뀌는 것이다. 노년의 사람들에게 8주에서 12주의 교육 과정 곧, 노년의 제자도, 구원의 확신과 정체성 확립, 소명 의식, 그리고 기도 - 중보기도에 대해 교육함으로 시편 92:14, "그는 늙어도 여전히 결실하며 진액이 풍족하고 빛이 청청하니"라고 한 말씀대로 노년의 제자의 삶이 회복된다.

연구를 통해 도출된 분석들을 토대로 기회가 있을 때마다 제자의 삶을 가르치고 훈련함으로 하나님의 영광을 품고 하나님의 뜻이 이 시대의 문화 사회에 생명의 빛으로 증거되도록 기도하는 사람들이 된다. 그러므로 자녀나 다음 세대에 짐이 되지 않고 오히려 영적으로 정신적으로 유익한 유산을 물려주는 축복의 통로가 된다.

2) 연구 방법

연구에서 양적 방법과 질적 방법을 결합한 혼합적 연구 방법을 사용하여 연구를 진행하였다. 혼합적 연구 방법은 질적 방법과 양적 방법의 장점을 취하고, 이 둘의 단점을 보완할 수 있으며, 절차적 차원에서도 연구 문제를 더 안전하게 이해하는데 유용한 전략이다.[2] 질적 접근과 양적 접

---

2 John W. Creswell, 『연구방법: 질적 · 양적 및 혼합적 연구의 설계, 제4판』, 정종진 외 9인 공역 (서울: 시그마프레스, 2018), 260.

근을 엄격하고 구별되는 범주나, 정반대의 접근으로 보거나 이분법적으로 보기보다는 하나의 연속체 위에서 양쪽 끝에 위치하고 있는 것으로 보는 것이 타당하다. 혼합 연구는 양적 접근과 질적 접근의 모든 다양한 요소를 활용하는 방법으로써, 이 연속체의 중간에 위치한다.[3] 하나의 연구는 양적이기보다 질적일 수 있고, 그 반대로 질적이기보다는 양적일 수 있다.

양적 연구는 어떤 현상을 관찰, 분석을 통해 일반화할 만한 결론을 도출해 내는 객관적이고 체계적인 연구를 목표로 한다. 양적 프로젝트에서는 어떤 요인과 변인들이 결과에 영향을 미치는지를 파악하는 연구에 적합한 방법이다.[4] 설계 과정은 다소 복잡하지만, 실행은 효율적이다. 거의 모든 주제가 양적인 방법을 사용하여 연구될 수 있지만, 양적 방법론을 통해 모든 연구 프로젝트의 목표가 효과적으로 얻어지는 것은 아니다. 어떤 연구에서는 질적 연구와 양적 연구를 혼합함으로써 보다 효과적인 연구 결과를 얻어 낼 수 있다.[5]

질적 연구 방법은 인터뷰와 관찰 기록 등이 포함된다. 변인과 이론적 바탕이 알려져 있지 않을 때 특정 주제를 탐구하기 위하여 질적 연구 방법을 사용하게 된다. 어떤 현상을 탐구하고, 기술하고, 이론을 개발할 필요가 있을 때 질적 연구방법이 요긴하게 사용될 수 있다. 다시 말해, 질적 방법은 개념, 현상, 경험 등을 탐구하고 기술하며 설명하는데 요긴하며, 특정한 사례를 분석하고 해석하는 데 사용된다.[6]

기본적으로 질적 연구 방법은 양적 연구 방법보다 융통성이 있다. 설문조사 질문들과 인터뷰 질문들은 체계적으로 조직되어 있지 않을 수 있고,

---

3 Creswell, 『연구방법: 질적 · 양적 및 혼합적 연구의 설계, 제4판』, 3.
4 Ibid., 135.
5 Creswell, 136.
6 Ibid., 134.

참여자 각각에 다른 질문들을 사용할 수 있고, 같은 질문들을 사용할 수도 있는데[7] 이 연구에 사용된 설문에는 리커트 척도를 이용한 20개 문항과, 5개의의 인터뷰 질문들이 사용되었다.

설문조사 질문과 인터뷰 질문을 실행할 때 모든 참가자가 자발적이고도 자유스럽게 응답하도록 하였다. 노년기의 제자도의 삶의 형태가 어떤지에 대하여 따지지 않았고, 삶의 과정을 통해 갖고 있는 참여자의 솔직한 심정을 표현하도록 하였다. 설문조사와 인터뷰 질문 등을 통해 얻은 정보와 연구자의 관찰적 연구를 통해 프로젝트가 설계되고 연구에 영향을 줄만한 쟁점들은 무엇일지 점검하고, 좋은 결과를 예상하면서 연구 일정을 잡고 교육과정을 진행하였다.

이 결과들을 종합하여 노년 사역에 필요한 자료들이 생산된 것이다. 연구에 있어서 크레스웰이 말한 대로 좀 더 다양한 방법을 활용할 수 있었다. 귀납적이면서 동시에 연역적이고, 참가자의 말과 행동, 본 연구자의 되돌아보는 태도, 연구자 자신이 도구로 요구되는 총체적인 것이었다.[8]

설문조사 질문과 인터뷰 질문은 제1그룹인 고령층은 대면으로, 제2그룹인 젊은 노년층은 인터넷 카카오톡을 통하여 이루어졌다. 여기에서 동일성 반응을 비교할 수 있었고, 검토가 용이하였으며 시간이 절감되었고, 높은 집중도를 들 수 있었다. 또한, 유연성 및 자발성이 최대한 발휘 되었다. 표준화된 형태이면서 열린 질문의 형태인 반구조화된 인터뷰(Semi-Structured)를 진행한 것이다. 이에 대한 장점은 효과적 시간 사용과 집중된 상호작용이었다. 반면에 단점으로는 자발성과 기교성이 다소 감소하는 점이었다.

---

7   Neufeld, *Preaching and Teaching Jesus' Parables in a Narrative Fashion to Help People Embrace Kingdom Values,* 140.
8   존 W. 크레스웰,『연구방법』, 254.

3. 연구 설계

연구 설계(research design)는 최대한 편견, 왜곡, 무작위 오류 등을 줄이도록 계획되고 실행되었다. 연구의 대상은 두 그룹으로 나누어진다. 제1그룹은 여섯 사람으로 99세, 95세, 94세, 93세가 함께 포함되어 있는 평균 88세의 고령층에 해당하는 그룹이다. 이 그룹은 8주 동안 대면으로 집중 교육하는 방법으로 훈련이 이루어졌다.

제2그룹은 열두 사람으로 평균 65세의 젊은 노년층을 대상으로 하였다. 교육 방법은 제1그룹과는 다르게 줌 미팅(Zoom Meeting)을 통해 8주 동안 집중 교육하는 방식을 취하였다. 교육은 제1·2그룹 동일하게 설계된 연구 훈련 프로그램을 따라 매주 60분씩 8주 동안 일정표를 따라 이루어졌다. 교육에 사용된 강의안은 부록에 첨부했다.

설문조사 질문들은 변수에 따라 5개의 범주로 나누어, 각각의 범주마다 3-5개의 질문을 사용하였다. 설문에 사용된 질문들은 도표 1-5(전혀 동의하지 않음 - 매우 동의함)로 나누어진 구간 척도에 답하도록 하였다. 설문조사 질문들은 참가자들이 노년의 제자도에 대하여 얼마나 이해하고 있으며 실행하고 있는지, 구원에 대한 확신이 노년의 제자도와 어떤 관계가 있는지, 자신의 정체성에 대한 뚜렷한 인식이 있는지, 그리스도 안에서 소명 의식이 있는지를 살피기 위해 고안되었다. 더불어, 제자도의 실천으로서의 기도-중보기도에 대한 부분을 점검하고 바꾸어야 하거나 보완해야 할 부분들 파악하기 위한 것이었다.

본 연구 프로젝트를 통하여 이와 같은 변수들에 대한 참가자들의 태도와 행동에 변화가 있는지를 살펴보았다. 제1그룹에서는 강의가 시작될 때 먼저 노년의 제자도의 삶에 대한 간단한 소개와 함께 주제를 이야기한 다음 참가자들의 현재 상황을 알아보기 위해 사전 설문조사가 필요함을 설명하고 설문조사를 실시하였다.

그리고 강의가 완전히 끝난 다음 같은 내용으로 사후 설문조사를 실시하였다. 제2그룹인 줌(Zoom) 참가자들에게는 인터넷 카카오톡을 통하여 사전·사후 조사를 실시하였다.

도표 1. 설문조사 질문들: 노년의 제자도

> 1—전혀 동의 하지 않음…5—매우 동의함
>
> 1. 나는 나의 평생의 스승이 누구인지 알고 있습니다. 1 2 3 4 5
>
> 2. 나는 노년의 제자도를 잘 이해하고 있습니다. 1 2 3 4 5
>
> 3. 나는 예수님의 제자로서의 삶을 기쁘고 성실하게 실천하고 있습니다. 1 2 3 4 5
>
> 4. 예수님이 나를 볼 때, 내가 온전한 제자의 삶을 실천함으로써 다음 세대나 사회에 축복의 통로가 되리라는 것을 기대하실 것입니다. 1 2 3 4 5

이 섹션은 노인들이 제자도의 삶에 대하여 어떻게 생각하고, 어떤 인식을 갖고 있는지, 그것이 삶에 어떤 영향을 주고 있는지를 이해하는 부분이다. 인터뷰와 설문조사 질문들, 그룹 토의 등을 통해 이 부분에 대한 연구가 이루어졌다. 인터뷰 과정에는 예수님이 가르치신 내용과 더불어 예수님이 노년의 제자도의 삶을 어떻게 바라보고 계시는지, 또 사람들은 어떻게 반응하였는지에 대한 질문들도 포함되었다. 참가자 개개인의 변화된 결과를 비교하여 본 프로젝트를 통하여 태도나 행동에 변화가 있는지를 결론에서 기술하였다.

이 섹션에서는 구원의 확신에 대한 질문들을 직접 혹은 간접적으로 물었다. 프로젝트를 통하여 인간이 죄로 인하여 죽었다고 선언한 말씀에 대한 이해와 믿음의 구원, 즉 거듭난다는 사실이 무엇인지에 대해 학습하면서, 깊이 성찰하고, 구원의 확신에 대한 이해를 도모하였다. 구원에 대한 확신이 없이는 열매 맺는 제자의 삶에 대하여 아무것도 기대할 수 없다.

도표 2. 설문조자 질문들: 구원의 확신

> 1—전혀 동의 하지 않음…5—매우 동의함
>
> 1. 나는 사람이 죄와 허물로 죽었다 할 때(엡 2:1), 죽음(영적)이 무엇인지 이해합니다.
>   1 2 3 4 5
>
> 2. 나는 믿음에 의한 구원이 무엇인지 잘 알고 있습니다. 1 2 3 4 5
>
> 3. 나는 회개에 대하여 이해하고 있고 회개의 경험이 있습니다. 1 2 3 4 5
>
> 4. 나는 구원에 대하여 잘 이해하고 있기 때문에 시련 있을지라도 참된 신앙생활을 할 것이며, 이것은 구원의 확신과 관련이 있다는 것을 잘 알고 있습니다. 1 2 3 4 5

시편 92:12은 의인으로 시작하여 14절에서 "그는 늙어도 여전히 결실하며 진액이 풍족하고 빛이 청청하니"라고 말씀한다. 이 말씀에서 '의인은' 예수 그리스도 안에서 믿음으로 구원받은 사람을 가리킨다. 구원받은 사람, 곧 의인은 하나님의 자녀로서 연수가 더할수록 계속 성장 하고 열매 맺는 삶으로 나가야 함을 가르치고 있다.

구원의 믿음이 뿌리라면, 구원의 확신은 꽃이라 할 수 있다. 군중을 비집고 들어가 살그머니 예수님의 옷을 만졌던 가련한 여자가(막 5:27) 구원의 믿음을 보여 주었다면, 살인자들 앞에서도 평안히 서서 "보라 하늘이 열리고 인자가 하나님 우편에 서신 것을 보노라"고 말했던 스데반은 (행 7:56) 구원의 확신을 대표해주는 예이다.

구원의 믿음이 물에 빠져들기 시작할 때 "주여 나를 구원 하소서"라고 외쳤던 베드로의 부르짖음과 같다면(마 14:30), 구원의 확신은 훗날 공회 앞에서 담대히 외쳤던 베드로의 용기와 같다. 확신은 보다 더 확실하고 영적인 부흥을 바라보며, 가장 차원 높은 수준의 인생을 살아가는 것이다.[9]

---

[9] J. C. 라일, 『참된 평안과 소망의 시작 구원의 확신』, 김태곤 역 (서울: 생명의말씀사,

구원의 확신은 믿음으로 믿음에 이르며, 하나님의 영광으로 영광에 이르러 사는 것과 같다.

도표 3. 설문조사 질문들: 정체성 확립

1—전혀 동의 하지 않음…5—매우 동의함

1. 나는 내 자신이 누구인지 간단하면서도 자신 있게 구체적으로 표현할 수 있습니다.
   1 2 3 4 5

2. 나는 내가 노년에 있을지라도 하나님께서 왜 사랑 하시는지 잘 알고 있습니다.
   1 2 3 4 5

3. 나는 노년의 사람들에 대한 성경적 관점을 자주 생각하며, 앞으로도 하나님께서 어떤 사람이 되게 하실지에 대한 소망이 있습니다.   1 2 3 4 5

이 부분에서는 참가자들이 자신의 정체성을 확실히 이해하며, 그 정체성으로 인하여 올바른 소명 의식을 가지고 있는지를 점검하고 세우기 위한 연구가 이루어졌다. 자신의 정체성이 현재의 삶에서 그들에게 영적으로, 또 육신적으로 어떤 영향을 미치는지 알아보는 것이다(롬 7:4-8:39).

자신을 모르고서는 삼위일체 하나님께 나아갈 수 없으며, 하나님을 알고 자신을 알아 가는 것은 구원의 확신과 직결되어 있다. 그것은 또한 그리스도 안에서 자신의 정체성을 확립하는 데 있어서 근본이 되는 일이기도 하다. 이러한 사실에 중점을 두어 강의를 준비하였고, 결과적으로는 하나님이 자신들을 얼마나 사랑하시는지를 다시 기억나게 해 주는 과정이었다.

2011), 50-52.

도표 4. 설문조사 질문들: 소명

> 1—전혀 동의 하지 않음…5—매우 동의함
>
> 1. 나는 소명이 무엇인지 잘 이해하고 있습니다. 1 2 3 4 5
>
> 2. 나는 그리스도께서 나를 부르신 소명을 따라 살고 있습니다. 1 2 3 4 5
>
> 3. 나는 삶의 목적이 뚜렷합니다. 1 2 3 4 5
>
> 4. 나는 소명이 때를 따라 바뀔 수 있다는 것을 이해하고 있습니다. 1 2 3 4 5
>
> 5. 나는 내가 누구인지, 또 이에 기초하여 내가 누구에게 반응해야 할지, 그리고 나의 삶의 책임이 무엇인지 잘 알고 있습니다. 1 2 3 4 5

다년간의 노년 사역을 통해 관찰해 볼 때, 많은 노인이 소명에 대해 구체적으로 생각해 본 적이 별로 없음을 발견하였다. 예수님이 '불러내신다'(마 4:19)는 것에 대한 깊은 이해의 부족으로 인하여 많은 세월을 허송하는 것을 보게 된다. 노년이 되면서 삶의 의미와 책임감이 없어지고 무기력해지는 편이었다.

소명은 제자의 삶을 포기한 상태에 놓여있는 사람들에게 핵심적으로 교육되어야 할 부분임을 깨닫게 되었다. 모든 직업이나 모든 일이 하나님께 영광을 돌리는 사명의 실천인 것[10]에 대하여 인식해야 할 필요가 있다. 정체성이 심각한 혼동에 있는[11] 현대적 상황에서 정체성의 확립은 노년의 제자도에 있어서 교육되어야 할 중요한 한 부분 중 하나이다.

모든 창조물 가운데 인간에게 특별한 정체성을 부여하는 것은 생각하는 능력과 더불어 무엇보다도 사랑하는 능력이다.[12] 하나님이 우리를 얼

---

10 정성욱, 『한국 교회, 이렇게 변해야 산다』, 63.
11 Ibid., 153-155.
12 나우웬, 『영성에의 길』, 54.

마나 사랑하는지를 알 때 비로소 소명은 받들어진다. 부르시는 분이 누구인지를 뚜렷이 알고 그분을 왜 따라야 하는지를 알 때 우리는 그 부르심에 하답하게 된다. 노년의 때에라도 현재 주어진 소명이 무엇인지 점검하고 응답하는 것이 제자도의 본분이다.

도표 5. 설문조사 질문들: 기도-중보기도

```
1—전혀 동의 하지 않음…5—매우 동의함

1. 나는 노년의 제자도의 삶과 기도의 관계를 잘 이해하고 있습니다.   1 2 3 4 5

2. 나는 기도가 왜 중요한지에 대하여 기도 속에서 배운 경험(체험)이 있어서 쉬지 않고 기도합
   니다. 1 2 3 4 5

3. 나는 중보기도에 대해 잘 이해하고 있으며 성실함으로 때를 따라 이행하고 있습니다.
   1 2 3 4 5

4. 나는 기도 응답에 대한 조건과 결과에 대해서 잘 이해하고 있습니다.  1 2 3 4 5
```

먼저 노년기 사람들의 현재 기도의 모습이 파악되어야 했다.
'기도하는 삶은 신앙 연륜과 어떤 관계가 있는가?'
'성경적으로 바른 기도생활이 이루어지고 있는가?'
자신의 소견대로 기도하는 것은 하나님의 기뻐하시는 방법이 아니기 때문이다. 기독교에만 기도가 있는 것이 아니다. 이미 밝혔듯이, 사람들은 어떤 문화에 속해 있든지 기도를 한다.[13] 불교나 힌두교도들도 나름대로의 기도를 한다. 다른 문화권에서는 노래로 기도를 하기도 한다. 종교라면 코웃음을 치는 이들 마저도 기도를 한다.[14]

---

13 히버트, 『선교와 문화인류학』, 248.
14 켈러, 『기도』, 61-62.

기도는 마술이나 주문이 아니다. "마음이 내키는 대로 따라가노라면, 마침내 실제로 존재하지 않는 하나님을 지어내는 지경에 이르기 십상이다. 서구 문화 속에서 자란 이들은 사랑이 넘치고 용서를 베푸시는 하나님은 좋아하지만 거룩하고 초월적인 하나님은 반기지 않는다. 그래서 이들의 영적인 삶을 조사해 보면 회개라든지 죄를 용서받은 기쁨은 찾아보기 어려운게 사실이다."[15] 이들에게서 바른 기도란 찾아보기 어렵다.

노년의 제자도의 삶의 실천에 있어서 참된 기도-중보기도의 본질을 회복해야 할 필요가 있다. 정성욱 교수는 이렇게 말한다.

> 기도에 대한 주장과 갈망은 많지만 참된 기도의 본질은 모르고 신앙생활 하는 크리스천들이 너무도 많다. 그래서 기도의 본질을 제대로 알고 실천하는 것은 한국 교회와 성도들에게 참으로 중요한 일이 아닐 수 없다.[16]

도표 6. 인터뷰 질문들

1. 노년에도 제자의 삶을 살아야 된다는 것에 대해 어떤 생각을 갖고 있습니까?
2. 제자의 삶을 이해하면서도 실천되지 않는다면, 그것에 대한 이유는 무엇이라 생각하십니까?
3. 제자의 삶을 실천함으로 열매를 맺게 된다는 것을 이해할 때, 어떤 종류의 열매를 맺기 원하십니까? 예를 들어, 다른 사람을 위한 구원의 열매, 사랑의 열매, 또는 영적 열매 등
4. 제자의 삶은 구원의 확신과 소명 의식이 중요한데 어느 쪽이 더 중요한지 생각 해본적이 있습니까? 어느 쪽이 더 중요하다고 생각하고 기도 하시겠습니까?
5. "다음 세대에 무엇을 남겨주고 싶다, 축복의 통로가 되고 싶다"는 생각을 해 본적 있습니까? 그것은 어떤 의미입니까?

---

15 Ibid., 96.
16 정성욱, 『한국 교회, 이렇게 변해야 산다』, 222-223.

인터뷰 질문들 역시 설문에 사용되었던 질문들과 같은 방식으로 구성하였다. 노년에 제자도의 삶을 강화하기 위해 진행되는 프로젝트의 네 가지 섹션이 제자도를 실천하는 데 어떤 도움이 되는지에 대한 이해를 도모하고 적용할 수 있을지 질문하였다. 프로젝트를 통하여 노년기 사람들이 제자의 삶의 실천에 있어서 얼마나 향상되었는지, 향상하고 싶은 마음이 생겼는지를 평가하였다.

요약하면, 본 연구의 설계는 양적·질적 방법을 혼합한 종합적 방법을 사용하였다. 제자도나 믿음의 향상을 평가하기 위하여 설문과 인터뷰 질문들을 활용하였다. 프로젝트의 진행은 설문조사와 인터뷰 그리고 집중 교육으로 이루어지는데, 여기에서 사용되는 설문조사와 인터뷰들은 성경을 기초로 하여 참가자들의 기본적 신앙을 파악하는 것으로써 참가자들의 양심을 압박하거나 위해 할 소지가 없도록 하였다.

설문조사는 익명으로 진행되었고, 강의 기간이나 이후에도 실명으로 노출되는 일이 없게 하였으며, 개인의 유익을 위해서 사용되는 일이 결코 없었다. 연구의 결과들은 덴버 포에버 선교회 노년 사역을 위하여 사용될 것이다.

4. 참가자 선정

참가자들은 덴버포에버선교회를 중심으로 미국과 한국에서 선정하였다. 참가자들은 덴버포에버선교회 사역을 이해하고 기꺼이 돕고자 하는 사람들인데, 8주간의 시간을 내기가 어렵거나 마음에 부담이 있는 사람들은 제외하여 참가자들이 자발적으로 참여하게 하였다.

참가자들을 두 그룹으로 나누어 연구에 참여케 하였다.

제1그룹은 덴버엠버우드요양원(Amberwood Court Care Center)에서 주일예배를 함께 드리고 있는 고령층의 사람들이었고, 제2그룹은 덴버와 한국에 있는 젊은 노년층의 사람들이었다. 제1그룹은 99세, 95세, 94세, 93세가 포함된 평균 88세의 초고령 층의 여섯 사람이었다. 연구의 결과를 도출하기 힘들 수 있음에도 불구하고 초고령 층을 연구에 참여시킨 이유는 그들을 면밀하게 관찰, 연구함으로써 앞으로의 사역에서 초고령의 사람들일지라도 제자도의 삶을 마지막까지 실천할 수 있도록 적절한 도움과 세움을 주기 위한 것이었다. 더불어, 비교적 젊은 노년층과 비교되는 부분은 무엇인가도 연구하기 위한 것이었다.

제2그룹은 한국과 미국에 거주하고 있는 평균 65세의 비교적 젊은 노년층으로 구성되었다. 덴버포에버선교회를 중심으로 하는 연구이기 때문에 미국뿐만 아니라 해외에 거주하는 한국인을 대상으로 한 것이다. 참가자 중에는 자신의 사업을 현재에도 운영 중인 사람들이 있고, 몇 사람은 한국에서 오랫동안 초등학교 교사로 재직하였었으며, 70대의 한 남성 참가자는 대학 교수의 경력을 가지고 있었다.

70대 남성을 제외한 참가자들 대부분이 교회에서 직분을 가지고 봉사하는 중이지만, 노년에도 제자도의 삶을 실천하여 열매 맺는 삶을 솔선수범하고자 한 것이다. 그리스도께서 온 족속으로 제자를 삼고 분부한 것을 가르쳐 지키게 하라 한 말씀(마 28:19-20)이 실현되어 축복의 통로가 되고자 하는 사람들이다. 다음 도표7은 참가자로 선정된 사람들의 현황이다.

도표 7. 참여자 현황

제1그룹: 엠버우드요양원 대면 그룹			제2그룹: Zoom 그룹(한국과 미국)		
참여자	나이	성별	참여자	나이	성별
1	99세	여	1	83세	여
2	95세	여	2	72세	남
3	94세	남	3	69세	여
4	93세	여	4	67세	여
5	73세	남	5	66세	여
6	71세	여	6	65세	남
			7	65세	여
			8	64세	남
			9	63세	여
			10	61세	여
			11	60세	여
			12	53세	여

5. 연구 일정과 교육 과정

교육 일정과 과정은 두 그룹으로 나누어 시행하였다.

제1그룹은 엠버우드요양원(Amber Wood Care Center)에서 10월 31일부터 12월 19일까지 매 주일 오전 10시-11시까지 1시간씩 한인 노인들을 대상으로 하였다. 엠버우드요양원은 덴버 다운타운에서 가까운 곳으로 남쪽 방향에 위치해 있으며, 이곳에 기주하는 사람들은 대부 분이 미국인들이다.

여기에 한국인 일곱 사람이 현재 함께 거주하고 있다. 일곱 사람 중 심신미약자 한 사람을 제외한 여섯 사람이 프로젝트에 참가하였다. 참가한 거의 모든 노인이 신체적으로 미약한 상태에 있다. 교육 방법은 대면하여 8회에 걸쳐 집중적으로 교육한 것이다.

제2그룹의 참가자들은 본 연구자의 선교회 사역과 논문 프로젝트에 대한 이해를 바탕으로 자원하여 참가하였다. 미국에서는 덴버포에버선교회 위원들이 함께하였고, 지인들 몇 사람이 함께하여 여섯 사람이 참가하였다. 한국에서는 서울의 한 교회 권사의 주선으로 선교회 사역과 논문의 취지를 이해한 여섯 사람이 프로젝트에 참가하였다.

교육 방법은 제1그룹과 다르게 진행되었다. 11월 7일부터 12월 26일까지, 미국 시간은 오후 5시, 한국 시간은 다음날 아침 9시에 시작되어 1시간씩, 8회에 걸쳐 줌 미팅(Zoom Meeting)을 통하여 계획된 프로그램을 실시하였다. 아래 도표 제1·2그룹 교육 일정의 날자와 시간은 미국 콜로라도 덴버의 기준이다.

도표 8. 제1·2그룹 교육 일정과 내용

강의	제1그룹 날자와 시간	제2그룹 날자와 시간	강의 내용
제1강	11/7/21 오전 10시-11시	11/7/21 오후 5시-6시	노년의 제자도
제2강	11/14/21 오전 10시-11시	11/14/21 오후 5시-6시	노년의 제자도
제3강	11/21/21 오전 10시-11시	11/21/21 오후 5시-6시	구원의 확신
제4강	11/28/21 오전 10시-11시	11/28/21 오후 5시-6시	구원의 확신
제5강	12/5/21 오전 10시-11시	12/5/21 오후 5시-6시	정체성
제6강	12/12/21 오전 10시-11시	11/12/21 오후 5시-6시	소명
제7강	12/19/21 오전 10시-11시	12/19/21 오후 5시-6시	기도-중보기도
제8강	12/26/21 오전 10시-11시	12/26/21 오후 5시-6시	기도-중보기도

강의 시작 전에 설문조사 질문들과 인터뷰 질문들에 대한 사전 조사를 시행하였다. 노년의 사람들이 제자의 삶에 대하여 어떻게 생각하고 있었고, 그것이 그들에게 어떤 영향을 주었는지 묻는 것으로 시작하였다. 제자도에 대한 예수님의 가르침의 결과로 하나님께서 그들에게 무엇을 하라고 요구하시는지 답하도록 하였다.[17] 8주간의 강의가 완전히 끝난 후에 똑같은 질문들로 사후 조사를 하여 사전 조사와 사후 조사와의 차이를 비교 분석하여 생각과 태도와 행동에 변화가 있는지를 살펴보았다.

결과를 분석하는 과정에서 1그룹과 2그룹의 차이점이 있는지도 분석하고, 만일 차이점이 있다면 그 이유는 무엇인지도 살펴보았다. 제2그룹을 대상으로 실시된 줌을 통한 강의는 참가자들이 집중하여 듣고 잘 이해할 수 있도록 파워포인트를 사용하였으며, 강의안을 인터넷 카카오톡을 통하여 각 개인에게 보내어 내용을 숙지하게 하였다. 그렇지만 제1그룹은 파워포인트나 인터넷 카카오톡을 이용할 수 없는 상태였다.

6. 연구에 영향을 줄 수 있는 쟁점들

연구 질문들과 인터뷰에 임하는 참가자들의 진지하고 성실한 태도가 이 연구의 결과에 영향을 미칠 수 있다. 논문을 위한 프로젝트에 대하여 얼마나 이해하고 있는지에 따라 진지하고 성실한 참여가 결정된다. 제1그룹인 초고령 층에 있는 사람들을 대상으로 교육하는 것이 다음과 같은 이유로 쉽지 않았다.

---

[17] Neufeld, *Preaching and Teaching Jesus' Parables in a Narrative Fashion to Help People Embrace Kingdom Values*, 151.

제2그룹인 60대 참가자들에게는 줌을 통해 교육한다는 것이 밀착된 교육 효과만큼 기대할 수 있나?

줌 활용이 확대되고 있는 추세이기는 하지만 노년의 세대에게는 아직 낯 설음이 교육의 효과를 저하시키지 않을까?

참여자들이 연구 질문들과 인터뷰에 기대되는 대답을 줄까?

강의 시간이 미국은 주일 저녁이고, 한국은 월요일 아침 시간으로서의 영향은 없을까?

7. 의도한 결과들 및 예상된 결과들

본 연구의 의도하는 바는 노년에도 결실하는 제자도의 삶을 통하여 다음 세대와 사회에 영적 유산을 물려주는 축복의 통로가 되도록 독려하기 위한 것이다. 본 연구자는 요양원에서 오랫동안 사역하면서 노년에 제자도의 삶이 실천되지 않음을 관찰하였고, 오히려 시간이 지날수록 제자도의 삶이 상실되는 것을 관찰하였다. 참가자들이 노년에도 제자도의 삶의 가치를 받아들이기 시작했을 때 그들의 태도와 생각과 행동이 바뀌기 시작할 것이다.

본 연구에서 예상되는 결과는 사람들이 노년의 제자도를 이해하는 것이 그들의 태도와 행동에 변화를 줄 것이라는 점이다. 사람들이 예수님의 소명에 대한 이해가 깊어질수록 하나님을 영화롭게 하는 제일의 가치를 받아들일 것이다.

그러므로 본 연구의 프로젝에 참가하는 사람들이 노년의 제자도의 삶의 가치를 받아들였을 때, 그들은 다른 사람을 향하여 하나님의 영접하심과 안위 하시는 사랑의 증거자가 된다.

또한, 다음 세대나 사회에 영적 유산을 물려주는 사람들이 된다. 그들은 다른 사람들의 필요가 무엇인지 깊은 관심을 가지면서 하나님께 기도

-중보기도 하는 사람들이 될 것이며, "하나님은 모든 사람이 구원받기를 원하신다"(요 3:16; 딤전 2:4)는 말씀을 상기하면서 말씀 안에서 기도하는 자세가 바뀌게 된다. 궁극적으로, 세대와 세대의 연합을 통해 이 시대에 진정한 부흥을 바라며 기도하는 사람들로 축복의 통로가 된다.

제5장

연구 결과 및 요약

1. 연구 결과

　본 연구는 노년의 결실하는 삶을 위한 제자도를 강화하기 위한 목적으로 이루어졌다. 연구에서 사용된 설문은 제자도의 구성 개념을 다섯 범주로 나누어 총 20개의 설문조사 질문과 5개의 인터뷰질문으로 설계되었다. 참가자는 모두 열여덟 사람이었고, 두 그룹으로 나눠 동일한 설문을 사용하여 프로젝트 이전과 이후에 각각 참가자들의 반응을 측정하여 프로젝트의 효과를 비교 분석하였다.

　제1그룹은 여섯 사람으로 덴버다운타운에서 I-25 남쪽 방향으로 약 8마일 정도에 위치해 있는 엠버우드요양원에 거주하고 있는 한인들로 99세, 95세, 94세, 93세가 포함된 평균 88세의 초고령 층의 참가자들 이었다. 초고령 층을 연구에 참여시킨 이유는 그들을 면밀하게 관찰, 연구함으로 앞으로의 사역에서 초고령의 사람들일지라도 제자도의 삶을 마지막까지 실천할 수 있도록 적절한 교육과 도움을 주기 위한 것이었다.

　더불어, 제2그룹 참가자들인 비교적 젊은 노년층과 프로젝트 진행이 다를 수 있을까?

다르다면 무엇이 어떻게 왜 다를까 에 대해서도 연구함으로써 보다 효과적인 사역 설계와 교육으로 노년의 제자의 삶을 실천할 수 있도록 돕기 위한 것이었다. 엠버우드 요양원 그룹은 대면으로 계획된 일정을 가지고 프로젝트를 실시하였는데 예정보다 한 주 늦은 1/2/22에 마무리되었다. 진행 도중에 엠버우드요양원 직원 한 사람이 코로나 양성 반응으로 인하여 11월 14일 주일 날 출입이 통제된 관계로 한 주를 건너뛸 수밖에 없었기 때문이었다.

제2그룹은 한국과 미국에 거주하고 있는 평균 65세의 비교적 젊은 노년층 열두 사람으로 구성되었다. 참가자들 중에는 자신의 사업을 현재에도 운영 중에 있는 사람들이 있었고, 몇 사람은 한국에서 오랫동안 초등학교 교사로 재직하였었으며, 70대의 한 남성 참가자는 대학 교수의 경력을 가지고 있었다.

70대 남성을 제외한 참가자들 대부분이 교회에서 직분을 가지고 봉사하는 중에 있었지만, 본 연구자의 노년의 열매 맺는 삶을 위한 제자도 강화 연구에 대한 관심때문에 프로젝트에 참가하게 되었다. 제2 그룹 노년층에게는 새로운 시도라 할 수 있는 줌 미팅을 통해 프로젝트가 진행되었으며, 계획된 일정대로 진행되었고 예정된 시간에 마칠 수 있었다.

연구 결과 다음에 나오는 도표 9부터 13까지는 20개의 문항에 대한 사전 설문조사와 사후 설문조사에 대한 응답의 차이를 나타낸 것이다. 설문조사 질문은 20개의 문항을 무작위로 섞어 제1그룹은 대면으로, 제2그룹은 인터넷으로 사전·사후 조사를 실시하였다. 사후 조사를 마친 다음에는 20개의 질문을 각 섹션 별로 정리하여 참가자들의 응답을 도표로 요약, 비교하였다.

도표 9는 노년의 제자도에 대한 사전·사후 설문조사 질문들에 대한 응답의 차이를 보여 준다. 질문은 4개이며, 응답은 제1·2그룹을 따로 분류

했다(나머지 섹션들이 이와 동일함). 질문 내용은 다음과 같다.

(1) 나는 나의 평생의 스승이 누구인지 알고 있습니다.
(2) 나는 노년의 제자도를 잘 이해하고 있습니다.
(3) 나는 예수님의 제자로서의 삶을 기쁘고 성실하게 실천하고 있습니다.
(4) 예수님이 나를 볼 때, 내가 온전한 제자의 삶을 실천함으로써 다음 세대나 사회에 축복의 통로가 되리라는 것을 기대하실 것입니다.

1) 노년의 제자도

도표 9. 노년의 제자도

질문	그룹	사전 조사						사후 조사					
		1점	2점	3점	4점	5점	합계	1점	2점	3점	4점	5점	합계
1	제1	5	1				7	4	1	1			7
	제2	1	4	6	1		27				2	10	58
2	제1	5	1				7	4	1	1			9
	제2	5	5	2			21			1	7	4	51
3	제1	5	1				7	6					6
	제2	3	5	4			25			6	3	3	45
4	제1	5	1				7	5	1				7
	제2	2	9	1			23			1	5	6	53
총점	제1	120/28(23 퍼센트)						120/29(24 퍼센트)					
	제2	240/96(40 퍼센트)						240/207(86 퍼센트)					

제1그룹인 초고령층 참가자들과 제2그룹인 비교적 젊은 노년층 참가자들 사이의 사전·사후 조사의 응답의 격차가 상당히 높게 나타났다. 초고령 층의 참가자들의 심신이 상당히 미약한 상태로 집중 교육에 한계가 있고 또한 이해력이 저하된 상태이기 때문에 응답의 사후 조사의 결과

또한 제2그룹에 비해 현저히 낮게 나타났던 것으로 파악된다.

초고령 층에 대한 교육 방법을 더 깊이 연구해야 할 필요성을 알게 된 것이다(이후의 네 게의 섹션에서도 마찬가지임을 밝혀 둔다). 노년의 제자도에 대한 이해도를 알아보기 위한 사전 조사에서 참가자들은 제1그룹과 제2그룹 모두 상당히 낮은 점수를 보여 주었다. 프로젝트 이후에 이루어진 사후 조사에서는 제2그룹에서 비교적 높은 점수를 보여 주었다. 긍정적인 방향으로 변화를 보여 준 것이다. 대면으로 실시한 제1그룹의 사전 조사 질문 1의 응답에서 90대 중반의 한 남성은 다음과 같이 대답했다.

"나의 스승은 이미 돌아가셨지요."

연구자의 노년의 제자도에 대한 질문의 의도를 이해하지 못한 대답이었다. 제2그룹의 사후 조사에서는 프로젝트를 통해 제자도에 대한 이해가 높아진 것은 설계된 프로젝트가 노년의 제자도를 고양시키는 데 효과적이었다는 것을 보여 준 것이었다. 제2그룹에서 첫 강의가 끝나고 참여자 중 한 남성이 강의안을 볼 수 있으면 좋겠다는 제안을 하였다. 그러므로 두 번째 강의부터는 모든 참가자에게 한 섹션의 강의가 끝날 때마다 인터넷 카카오톡을 통해 강의안을 보내 주어 내용을 숙지할 수 있도록 도와주었다.

도표 10은 구원의 확신에 대한 사전·사후 설문조사에 대한 응답의 차이를 나타낸다. 질문은 4개 문항으로 다음과 같다.

(1) 나는 사람이 죄와 허물로 죽었다 할 때(엡 2:1), 죽음(영적)이 무엇인지 이해합니다.
(2) 나는 믿음에 의한 구원이 무엇인지 잘 알고 있습니다.
(3) 나는 회개에 대하여 이해하고 있고 회개의 경험이 있습니다.
(4) 나는 구원에 대하여 잘 이해하고 있기 때문에 어떤 시련이 온다 해도 참된 신앙이 필요하다는 것을 잘 알고 있으며, 이것은 구원의 확신과 관련이 있다는 것을 잘 알고 있습니다.

2) 구원의 확신

도표 10. 구원의 확신

질문	그룹	사전 조사						사후 조사					
		1점	2점	3점	4점	5점	합계	1점	2점	3점	4점	5점	합계
1	제1	6					6	4	1	1			9
	제2	1	7	3	1		28			1	7	4	51
2	제1	4	2				8	4	1	1			9
	제2	1	3	8			31		1	1	4	6	51
3	제1	3	2	1			10	4	1	1			9
	제2	2	4	6			28		1	2	2	7	51
4	제1	4	2				8	5	1				7
	제2	5	4	2		1	24			2	5	5	51
총점	제1	120/32(27 퍼센트)						120/34(28 퍼센트)					
	제2	240/111(46 퍼센트)						240/204(85 퍼센트)					

줌으로 참여한 젊은 노년층의 사람들과 고령층의 참가자 모두 질문 1의 죄와 허물로 죽었다 할 때 이 죽음에 대한 이해가 높지 않은 것으로 나타났다. 프로젝트 이전에는 영적 죽음에 대한 이해가 낮은 것으로 나타났고, 프로젝트 이후에는 영적 죽음에 대한 이해가 상당히 높아진 것으로 나타났다. 프로젝트 설계의 중요성을 보여 준 것이다. 참가자들이 '영적 죽음'에 대해 생소하게 느끼고 있었다는 것이 프로젝트가 끝난 후 사후 조사를 통하여 분명하게 드러난 것이다.

질문 3의 회개에 대한 질문에는 대부분의 참여자가 죄를 회개하는 부분에 대해서만 이해하고 있는 편이었다. 삶의 방향을 세상에서 하나님께로 돌리는 회개에 대해서는 이해가 적은 편이었다.

도표 11은 노년의 제자도에서 정체성 확립에 대한 사전·사후 설문조사 질문들에 대한 응답의 차이를 보여 준다. 질문은 3개 문항이며 내용은 다음과 같다.

(1) 나는 내 자신이 누구인지 간단하면서도 자신 있게 구체적으로 표현할 수 있습니다.
(2) 나는 내가 노년에 있을지라도 하나님께서 왜 날 사랑하시는지 잘 알고 있습니다.
(3) 나는 노년의 사람들에게 대한 성경적 관점을 자주 생각하며, 앞으로도 하나님께서 어떤 사람이 되게 하실지에 대한 소망이 있습니다.

3) 정체성 확립

도표 11. 정체성 확립

질문	그룹	사전 조사						사후 조사					
		1점	2점	3점	4점	5점	합계	1점	2점	3점	4점	5점	합계
1	제1	5	1				7	5	1				7
	제2	4	5	2		1	25			1	7	4	51
2	제1	5	1				7	6					6
	제2	2	3	5	1	1	32			1	3	9	55
3	제1	6					6	6					6
	제2	4	6	2			22			1	7	4	51
총점	제1	90/20(22 퍼센트)						90/19(21 퍼센트)					
	제2	180/79(43 퍼센트)						180/157(87 퍼센트)					

이 섹션에서는 특이한 점이 발견되지 않지만, 한 가지는 고령층의 노인들은 정체성에 대한 성경적 관점으로 보는 이해가 상당히 낮은 것으로 나타났다.

나이가 많으니 하나님께서 불러 가실 일만 남았지 무슨 기대를 하겠느냐는 것이다. 고령의 노인들은 시력이 저하되어 성경을 읽기가 매우 어렵다. 통독 성경을 듣는 일도 한계가 있고, 기억하는 일에도 한계가 있어서 쉽지 않다. 이러한 상황들을 감안할 때 젊었을 때 노년에 대한 준비가 얼마나 필요한지 그 중요성을 알게 된다.

또 한 가지는 질문 2에서 제1그룹인 초고령의 참가자 중에서 한 사람이 사전 조사의 응답보다 사후 조사의 응답이 낮아졌다는 것이다. 이유를 분석하기가 힘들지만, 추측해 본다면, 사전 조사 때 너무 쉽게 대답했다가 강의 중에 하나님께서 노년에 있을지라도 사랑하는 이유는 예수님을 믿고, 마음에 품고 있기 때문이라 하였는데 이에 대해 자신이 없었던 것으로 분석된다. 구원의 확신이 약한 참가자 중 한 사람이었다. 구원의 확신에 대한 교육이 한 사람 한 사람에게 얼마나 중요한지를 알게 하였다.

도표 12는 노년의 제자도에서 소명에 대한 사전·사후 설문조사 질문들에 대한 응답이다. 질문은 5개 문항이며 내용은 다음과 같다.

(1) 나는 소명이 무엇인지 잘 이해하고 있습니다.
(2) 나는 그리스도께서 나를 부르신 소명을 따라 살고 있습니다.
(3) 나는 삶의 목적이 뚜렷합니다.
(4) 나는 소명이 때를 따라 바뀔 수 있다는 것을 이해하고 있습니다.
(5) 나는 내가 누구인지, 또 이에 기초하여 내가 누구에게 반응해야 할지, 그리고 나의 삶의 책임이 무엇인지 잘 알고 있습니다.

4) 소명

도표 12. 소명

질문	그룹	사전 조사						사후 조사					
		1점	2점	3점	4점	5점	합계	1점	2점	3점	4점	5점	합계
1	제1	5	1				7	4	1	1			9
	제2	4	5	2	1		24				4	8	56
2	제1	6					6	6					6
	제2	4	5	2	1		24			6	5	1	43
3	제1	6					6	5	1				7
	제2	5	4	2	1		23			2	6	4	50
4	제1	6					6	6					6
	제2	5	4	2	1		23			2	5	5	51
5	제1	6					6	6					6
	제2	4	3	3			27	4	3	3	2	5	52
총점	제1	150/31(21 퍼센트)						150/34(23 퍼센트)					
	제2	300/121(41 퍼센트)						300/252(84 퍼센트)					

소명을 따라 살고 있는지에 대한 질문 2에서 많은 참여자가 이론적인 것보다는 생활 속에서 행하여야 하는 실천적인 부분에서 자신감이 낮은 것으로 나타났다. 이는 제자의 삶이 실천되고 있는가 하는 것과 연결되는데 비슷한 결과가 도표 9에서도 확인되었던 것처럼 제자의 삶을 성실하게 실천하는 일이 쉽지 않은 것으로 나타났다. 사후 조사에서 비교적 젊은 노년층에서는 기대에 대한 아쉬운 점이 있지만 긍정적으로 향상되는 반응을 보여 주었다.

도표 13은 노년의 제자도에서 최선으로 실행할 수 있는 기도-중보기도에 대한 사전·사후 설문조사 질문들에 대한 응답이다. 질문은 4개 문항이

며 내용은 다음과 같다.

(1) 나는 노년의 제자도의 삶과 기도의 관계를 잘 이해하고 있습니다.
(2) 나는 기도가 왜 중요한지에 대하여 기도 속에서 배운 경험(체험)이 있어서 쉬지 않고 기도합니다.
(3) 나는 중보기도에 대해 잘 이해하고 있으며 성실함으로 때를 따라 이행하고 있습니다.
(4) 나는 기도 응답에 대한 조건과 결과에 대해서 잘 이해하고 있습니다.

5) 기도-중보기도

도표 13. 기도-중보기도

질문	그룹	사전 조사						사후 조사					
		1점	2점	3점	4점	5점	합계	1점	2점	3점	4점	5점	합계
1	제1	4	1	1			9	5	1				7
	제2	4	5	3			23				5	7	55
2	제1	5	1				7	5	1				7
	제2	5	3	4			23		2	3	5	2	42
3	제1	5	1				7	4	2				8
	제2	4	5	3			23			5	2	4	43
4	제1	4	2				6	5	1				7
	제2	5	6			1	22			4	5	3	47
총점	제1	120/29(24 퍼센트)						120/29(24 퍼센트)					
	제2	240/91(38 퍼센트)						240/188(78 퍼센트)					

질문 2와 3에 제시된 기도의 실천적 삶에 대한 응답 역시 소명에서 와 마찬가지로 낮게 나타났다. 노년의 제자의 삶에서 최선으로 실행할 수 있

는 기도-중보기도와 제자의 삶의 관계에 대한 이론적 이해도는 높지만, 실천하는 삶에 대해서는 자신감이 떨어지는 것으로 나타난다. 목록 12의 소명, 질문 2에 대한 응답과 연결하여 분석하여 보면, 행함이 있는 믿음 (약 2:14-22)에 대해 강조하는 교육이 필요함을 나타내고 있는 것이다. 행함이 있는 참된 믿음에 대하여 숙고하는 성숙한 자세가 한국 교회 성도들에게 절실히 필요하다. 살아 있는 참된 믿음은 선한 일에 열심하는 친 백성으로서 영화롭게 되는 단계까지 이끌고 간다(딛 2:14).[1]

2. 인터뷰 질문에 대한 결과

인터뷰 질문 또한 설문조사 방식으로 같은 내용을 사전·사후 두 번에 걸쳐 실시하였다. 여덟 번의 강의가 끝난 직후 사후 조사에서 제1그룹은 대면으로, 제2그룹은 인터넷 카카오톡으로 사후 조사를 실시하였다. 제1그룹 참가자들과 대면 인터뷰 질문을 최종적으로 할 때 교회 생활을 잘하다가 몸이 너무 쇠약하여 양로원에 들어온지 얼마 안 되는 90대 중반의 여성 참가자는 "말씀의 기초가 중요한데 자꾸 들려주어서 고맙다" 라고 하였다.

최고령의 참가자는 다음과 같이 반문하는 식으로 말했다.
"나 같은 늙은이도 제자라고 할 수 있나요?"
90대 후반인 한 여성 참가자는 이렇게 말하였다.
"자꾸 들으니까 조금은 알 것 같기도 하지만 제자의 생활?
그런 거 아직 깜깜해."
옆에 있던 참가자도 말했다.

---

1 정성욱, 『한국 교회, 이렇게 변해야 산다』, 111.

"그래도, 해봐야지 뭐, 그런데 힘이 없어서 원."
"그렇지만 늙어도 기도는 할 수 있다고 했지 안우, 기도가 최고라는 데.…"
"늙은이도 제자라 할 수 있나"라고 말했던 최고령 참가자가 말했다.

고령층에 아무리 나이가 많아도 기도는 할 수 있다는 것을 강조하고 또 중요하다는 것을 강조한 것에 대한 반응을 듣게 되는 중이었다.

그렇지만 인터뷰 질문, 제자의 삶을 이해하면서도 실천되지 않는다면 그 이유가 무엇이라 생각되는가?

이 질문에서 연구자가 바랐던 대답, 구원의 확신과 정체성과 소명과 기도에 대하여 듣고 나니까 문제가 무엇이었는지 이제는 조금이라도 알 것 같아요! 는 듣기가 힘들었다. 그러므로 고령층의 프로젝트에서 갖게 되는 한계가 무엇인가를 알게 되며, 앞으로 어떻게 교육해야 할지에 대한 연구를 심도 있게 해야함을 알게 되었다.

제2그룹 60대 중반의 한 참가자는 온라인 카카오톡을 통한 인터뷰 사후 조사 질문에 이렇게 적었다.

> 제자의 삶을 나와 너무 멀다고 생각했는데, 공부를 하고 보니 나도 자신감이 생겨서 감사합니다.

역시 60대인 한 사람은 제자의 삶에 대해 적었다.

> 삶이 바쁘기도 하지만, 바로 가르쳐 주고 헌신적인 목사님을 만났다면 잘했을 것이다.

60대 초반 연령대인 또 한 참가자는 다음과 같이 적었다.

막연하게라도 노년의 삶을 생각해본 적이 없다가 강의를 통해 이렇게 생각하게 하고 사명이 있다는 것을 깨닫게 되어 감사합니다.

'다음 세대에 무엇을 남겨 주고 싶다. 축복의 통로가 되고 싶다'라는 생각을 해본 적이 있습니까?
그것은 어떤 의미입니까?
이런 질문에 대하여 60대 초반의 한국에서의 참가자는 이렇게 응답하였다.

줌으로 강의를 한다는 것이 처음에는 생소하고 할 수 있을까 했는데 너무 감사하고 행복했습니다. 상대편의 얼굴도 볼 수 있었고 강의안을 볼 수도 있고 놀라운 일이었습니다. 사람은 늙을 때까지 배워야 한다는 말이 실감이 납니다. 아들에게 손녀에게 믿음의 유산을 남기고 싶고 예수 믿는 것이 얼마나 큰 축복인지 교회에 다음 세대들에게 전하며 늙어서도 사명자로, 축복의 통로로 귀히 쓰임 받기를 소원합니다. 수고하신 목사님께 감사합니다. 계속해서 다른 강의도 줌으로 소통하기를 원합니다.

70대 중반의 줌 그룹에 참가한 한 사람은 사후 조사에서 다음과 같은 글을 남겼다.

목사님이 강의를 할 때 노트에 기록도 하면서 들었기 때문에 많이 기억할 수 있었습니다. 파워포인트로 보여 주니 기록할 수 있었습니다. 또 강의안을 보내주니까(카톡으로) 또 더 공부가 되었습니다. 여러 가지 참 고마웠어요.

제2그룹인 줌 미팅을 통해 참가한 젊은 노년층으로 부터는 연구자가 듣기 원했던 응답에 근접하고 있는 것으로 나타났다. 다음은 5개의 인터뷰질문에 대한 참가자들의 응답을 제2그룹인 비교적 젊은 노년층을 중심으로 간단하게 정리하여 도표로 요약, 비교하였다.

인터뷰 질문들은 다음과 같다.

(1) 노년에도 제자의 삶을 살아야 된다는 것에 대해 어떤 생각을 갖고 있습니까?
(2) 제자의 삶을 이해하면서도 실천되지 않는다면, 그것에 대한 이유는 무엇이라 생각하십니까?
(3) 제자의 삶을 실천함으로 열매를 맺게 된다는 것을 이해할 때, 어떤 종류의 열매를 맺기를 원하십니까?
   예를 들어, 다른 사람을 위한 구원의 열매, 사랑의 열매, 또는 영적 열매 등.
(4) 제자의 삶은 구원의 확신과 소명 의식이 중요한데 어느 쪽이 더 중요한지 생각을 해 본 적이 있습니까?
   어느 쪽이 더 중요하다고 생각하고 기도하시겠습니까?
(5) '다음 세대에 무엇을 남겨주고 싶다, 축복의 통로가 되고 싶다' 는 생각을 해 본 적이 있습니까?
   그것은 어떤 의미입니까?

도표 14. 인터뷰 질문

질문	사전 조사	사후 조사
1	* 노년의 제자도에 대한 이해가 매우 낮음: 열두 사람 중 일곱 사람이 잘 모름이라 응답했고, 한 사람만 중요하다 응답했다. 한 사람은 당연하다는 애매한 응답을 했다. 또는 생활이 바빠서 생각을 별로 안 해봤다고 응답했다.	* 노년의 제자도에 대한 이해가 높아졌음: 막연하게라도 노년의 삶을 생각해본 적이 없다가 강의를 통해 생각하게 되고 소명이 있다는 것을 깨닫게 되어 감사; 제자의 삶을 나와 너무 멀다고 생각했는데 공부를 하고 보니 자신감이 생겨서 감사; 실천하며 살아야 함.
2	* 제대로 이해하는 사람이 적었음: 자기 중심적이기 때문; 불완전한 믿음; 제자의 삶을 이해 못해서; 세상 욕심, 미련 때문에; 기도가 생활의 필요와 염려를 위한 것 뿐이기에.	* 긍정적 반응으로 바뀜: 부족하지만 나도 제자임을 느끼며 노력하기로 함; 바로 가르쳐주는 목사님을 만났다면 전에도 잘 했을 것; 노년의 삶에 부으시는 하나님의 은혜를 생각지 못하였었는데 알게 됨.
3	* 신앙의 열매 맺음에 대한 이해도가 낮은 것으로 나타남: 열매를 위한 인내가 꼭 필요한 사람; 함께 일할 수 있는 동역의 열매; 하나님을 자신 있게 증거할 수 있는 삶; 후세들을 위한 더 좋은 세상을 만들어가는 것 등	* 열매 맺음의 중요성에 대한 이해도에 긍정적인 변화가 있는 것으로 나타남: 나이 먹은 사람이 무슨 열매를 맺나 나만 잘하면 된다 였는데 교회 봉사, 독거 노인 찾아보기, 아름 다운 열매 맺기 원함; 영적 열매 맺음의 중요성 등.
4	* 질문에 대한 이해가 부족했거나 깊이 생각지 않은 것으로 나타남: 네 사람이 그냥 기도라고 응답; 나머지는 구원의 확신과 소명 의식으로서의 기도라고 답함(각각 50퍼센트).	* 소명 의식의 중요성이 높아짐: 소명을 위한 기도가 조금 더 높아짐; 그리고 구원의 확신이었음; 소명 의식을 느끼며 기도 생활을 할 때 훨씬 생동감을 가질 수 있음 등.
5	* 남겨 주고 싶은 것은 있는데 그 의미에 대한 이해도는 낮은 것으로 나타남:	* 남겨 주어야 하는 것에 대해서 더욱 분명해졌고, 그 의미에 대한 이해가 높아졌음: 하나님이 바라시는 일이고 하나님의 뜻이라는 것이다 등.

인디뷰 질문의 시후 조사 응답에서 이해도가 긍정적으로 높아지고 있는 것으로 나타났다. 특별히 질문 4에서 참가자들이 소명 의식으로서의 기도가 왜 필요하고 중요한지를 알게 되기를 원했다. 구원의 확신 위에서

소명 의식의 중요성을 앎으로 제자의 삶이 실천되는 동기 부여가 되기를 원하였던 것인데 긍정적인 응답으로 나타났다.

질문 5에서, 남겨 주고 싶은 것에 대한 그 의미가 무엇인가의 질문은, 질문의 의도가 명확하지 못하여 참가자들의 응답에 어려움을 준 것으로 나타났다. 연구자의 질문은 보다 세밀하고 의미가 정확하게 된 것이어야 한다는 중요성을 알게 되었다. 노인들과 대화할 때, 상담할 때, 그리고 교육할 때 주의해야 할 사안이다.

3. 결과들에 대한 요점

제1그룹인 고령층의 참여자들은 사전 조사에서 모든 질문 자체에 대하여 응답하려는 자세보다는 설명을 듣기를 원하는 자세였다. 프로젝트를 진행한 후에 실시된 사후 조사에서도 이해도가 높지 않은 것으로 나타났다. 그렇지만 제2그룹인 젊은 노년층 참가자들은 사후 조사에서 모든 질문에 대해 이해도가 상당이 높게 나타났다.

고령층과 노년층의 높낮이 차이가 선명하게 나타나는데 앞으로의 사역을 위해 그 원인을 세밀하게 분석할 필요가 있다. 고령에 있는 사람들은 이해하는 힘과 기억력이 쇠약해진 점과, 한정된 좁은 공간에서 같은 일상이 반복되는 삶이 길어진 여건에서 이해력을 기대하기란 어려워 보인다. 이러한 환경에서 여덟 번의 프로젝트로 사전 조사와 사후 조사의 차이를 도출하기란 현실적으로 매우 어렵다.

고령층의 참여자들은 사전 조사 질문들에 대한 강의를 들었지만, 사후 조사 응답에서도 이해를 못 하는 항목이 많은 것으로 나타났다. 몇 개 항목은 이해할까 말까 하는 정도로 나타났다. 이 정도의 결과도 몇 년 전부터 반복해서 설교하고 이야기하고 나눴던 것 때문이다. 이로 보건대 젊을 때에 노년을 위한 준비가 중요하다는 것을 알게 한다.

줌 그룹에 참여한 젊은 노년층은 사전 조사에서 노년의 제자도라는 질문에 대해 생소함과 그 의도를 명확하게 파악하지 못하고 있었음을 알게 되었다. 참가자 열두 사람 중에 열 사람이 노년에 대한 생각을 별로 하지 않다가 갑자기 질문을 받고 생소하게 느껴 선뜻 대답하기가 쉽지 않았던 것으로 나타났다. 많은 사람이 늙음을 준비한다는 생각에 대해 애써 회피하려는 심정과, 노인이 된다는 것에 대한 불편한 심정을 갖고 있음이 나타난 것으로 분석된다. 늙음을 좋아할 사람이 없다.

그런데, 프로젝트가 끝난 후에 노년의 제자도의 삶이란 무엇인가를 이해하고 나서 질문의 의도를 명확하게 인지한 결과 사후 조사의 점수가 높은 결과로 나타났다. 프로젝트가 목표하는 개념들에 대한 이해가 높아진 것이다. 여성이나 남성, 연령의 높고 낮음에 관계없이 응답에 있어서 별 차이가 없는 것으로 나타났다. 제일 높은 부분은 정체성이었고(87퍼센트), 이어 노년의 제자도였으며(86퍼센트), 제일 낮은 부분은 기도-중보기도였다(78퍼센트).

사전 조사에서는 참가자들 중 상당수가 초기에 생각해보지 않았던 질문으로 인하여 답하는 데 있어서 표현하는 어려움이 약간 있었던 것으로 파악되었다. 노년의 제자의 삶이란 주제에 대한 생소함과 함께 새로운 도전이 있었던 것으로 나타나기도 하였다. 초고령층이 된 노인이나, 더불어 젊은 노년층의 참가자들이 노년을 어떻게 보내야 하는지에 대한 구체적인 준비를 하지 않았던 것으로 분석되었다. 이전에 노년의 제자도에 대한 교육이나 준비가 없었다는 것이다. '세월이 흘러 그냥 나이가 들어가니까 노인이 되어가나보다'라는 인식이 거의 모든 참여자의 인식으로 분석되었다.

4. 연구 결과 요약

과연 노년에도 제자의 삶을 능동적으로 실천할 수 있을까?
제자도를 실천하였을 때 어떤 열매가 나타날까?
이 열매들을 인하여 다음 세대나 사회에 부담감이나 짐이 되는 대신에 축복의 통로가 될 수 있을까?
축복의 통로가 되기 위하여 스스로 보강할 것은 무엇이며, 새롭게 해야 할 것은 무엇인가?

찾아내고 더할 것은 더하고, 새롭게 해야 하는 것은 새롭게 하여 완전함 가운데로 나가(히 6:1-2)게 하는 목적을 가지고 본 연구자가 직접 작성한 강의안을 통해 프로젝트를 진행하였다.

첫째, 노년의 결실하는 제자의 삶에 대해서, 그리고 제자의 삶을 강화하기 위해서였다.
둘째, 구원의 확신에 대하여 점검했다.
셋째, 정체성 문제를 점검하였다.
넷째, 소명에 대한 의식을 점검하였다.
다섯째, 기도-중보기도에 대해 점검하며 보강하였다.

그리고 도표 9-13과 같은 결과를 갖게 되었다. 예수 그리스도를 믿는 우리 모두는 영적인 이스라엘이다. 우리는 또 하나님의 사랑 안에서 그의 거룩한 백성으로 자랄 수 있도록 부르심을 받았다.[2] 더 나아가 우리는 평생의 삶이 그리스도 예수 안에서 고령의 노년에 있을지라도 제자의 삶을

---

[2] Ahn, *Redemptive Understanding of God's Genocidal Commands to the Israelites*, 174.

실천하도록 하나님의 돌보시는 사랑 안에 있는 것이다.

> 우리가 아직 죄인 되었을 때에 그리스도께서 우리를 위하여 죽으심으로 하나님께서 우리에 대한 자기의 사랑을 확증하셨느니라(롬 5:8).

우리를 제자로 삼으신 목적은 땅끝까지 복음을 증거함으로 예수님의 다시 오심을 기다리게 하고, 기다리며 사역하는 제자의 삶을 통해 내면적으로는 하나님의 아들의 형상을 본받아 영화롭게 하시며, 외적으로는 열매를 맺어 결실하게 하신다(시 92:14; 요 15:16-17; 롬 6:22). 이 열매 중에 영생의 열매(요 4:36)가 있다는 것은 제자들을 통해 선포되는 하나님의 영광인 것이다.

5. 결론

노년의 제자도에 대한 연구 결과를 비교적 젊은 참가자들을 중심으로 측정했을 때 40퍼센트에서 86퍼센트의 향상된 결과로 나타났다. 인터뷰 질문의 결과 또한 긍정적으로 상당히 높은 변화를 보여 주었다. 노년의 제자도, 구원의 확신과 그 중요성, 정체성 확립, 소명 의식, 그리고 기도-중보기도를 종합한 전체적 측정은 41.6퍼센트에서 84퍼센트의 향상으로 나타났다. 만족할 만한 결과는 아니다. 제자의 삶을 실천하는 부분에서 기대에 미치지 못했다.

그리스도께서 부르신 소명을 따라 살고 있는가에 대한 응답은 40퍼센트에서 71퍼센트의 향상을 보였고, 제자로서의 삶을 기쁘고 성실하게 실천하고 있는가에 대한 응답은 41퍼센트에서 75퍼센트, 쉬지 않고 기도하는가에 대한 응답은 38퍼센트에서 70퍼센트의 향상으로 나타났다. 그렇지만 8주의 프로젝트를 통해 얻은 결과로 볼 때 연구자의 의도한 향상된 결과를 나타내 주었다.

본 연구를 통해 분석되는 것은 교육 대상자에게 필요한 분명한 주제 설정, 충실한 교육 설계, 집중적이고 일관성 있는 교육과 훈련이 필요하다는 것이다. 더 연구되어야 할 부분은 '제자도의 실천적 방향 제시'라고 본다. 그리고 초고령층의 노인들을 어떻게 교육하고 훈련해야 하는지에 대한 깊은 연구가 필요하다.

나이 듦에 '선행 학습'이 반드시 필요하다"[3]라고 했다. 노년에 접어들었다는 것을 인식할 때 당황하지 않기 위해서 준비하고, 세월을 덧없이 흘려보내지 않기 위해서 필요하다. 지나온 삶을 정리하면서 노년에 어떤 가치관을 가지고, 다음 세대에 무엇으로 기여할 수 있는지를 깊이 성찰하고, 자기 남은 삶을 역동성 있게 제자도의 삶으로 완성해야 한다.

노년의 삶은 있는 그대로 가치가 축적된 삶이라는 것을 인식할 수 있어야 한다. 이러한 인식은 자신의 정체성을 알고 나서 사랑받아 살아온 삶이었다는 것이 믿어질 때이다. 그러므로 노년에 접어들었을 때 영혼 구원에 대하여 확인함으로 예수 그리스도 안에서 자신의 정체성을 확립하고, 그리고 소명 의식을 따라 기도하며 살아갈 때 축복의 통로가 되는 삶을 이루게 된다.

남녀노소를 불문하고 자신의 정체성은 너무나도 중요한 문제이다. 노년에 이르러서는 이 일을 더욱 중요한 문제로 다루어야 함은 정체성을 바로 이해하지 못했을 때 자신의 책임성을 확립할 수 없기 때문이다. 책임성이 확립되어 있지 않으면 삶이 흐트러지고 무기력해지기 쉽다. 자신의 정체성은 하나님의 부르심에서 찾을 수 있게 되는 것으로서 구원의 확신과 함께 따라오는 것이 성경적 관점이다.

---

[3] 이근후, 『나는 죽을 때까지 재미 있게 살고 싶다』 (서울: 웅진씽크북, 2019), 8.

하나님께서 모세를 부르시는 장면에서 그가 하나님을 만나고, 그리고 자신에 대해 배우기 시작했다(출 3:1-4:17 참고). 신약성경으로 덧붙여 설명하면, 예수 그리스도를 통해 구원을 얻고, 구원의 확신과 양육의 과정을 통해 하나님을 알고, 성화되어가면서,[4] 하나님을 아는 만큼 자신의 정체성을 더 확실하게 알게 된다.

하나님을 아는 것과 믿는 것에 비례하여 그의 성장이 진전된다.[5]

하나님의 사랑받는 자녀로서 그 정체성을 갖게 될 때 내가 누구인지를 알게 되고(롬 8:16), 사랑으로 부르시는 하나님의 '소명'에 책임감 있게 응답할 수 있기 때문이다. 많은 노년기에 있는 사람이 책임성을 잘 모르고 있다. 정체성 확립이 희미하다는 방증이다.

"책임성은 정체성을 확립한다. 그러나 정체성 때문에 우리가 책임 있는 존재가 되는 것은 아니다. 오히려 우리가 책임 있는 존재이기 때문에 정체성을 갖는다"[6]라는 것을 이미 말했다. 노인들이 책임 있는 삶을 산다면 자녀들에게만 아니라 다음 세대에 짐이 되지 않고 오히려 영적이고도 아름다운 생명의 유산을 물려줄 수 있게 된다.

노년을 맞이하기 위한 준비가 노년의 제자도의 교육이나 훈련보다 앞서야 되는 것에 대한 중요성을 프로젝트를 실시하면서 더욱 확신하게 되었다. 준비되지 않은 채 노년을 맞았을 때 제자의 삶은 매우 어렵게 된다. 80대에 들어선 고령의 나이가 되어서 예수 그리스도를 믿게 되었을 때 복음을 이해하고 받아들이는 이해력이 저하된 상태가 되기 때문이다.

---

4 정성욱, 『한국교회, 이렇게 변해야 산다』, 49-50.
5 박영선, 『하나님의 설복, 로마서 강해』 (서울: 크리스챤서적, 1999), 76.
6 기니스, 『소명』, 35.

그러므로 50대 때부터 계획을 세워 제자도의 삶에 대해 배우고 훈련하는 것이 필요하다. 그것을 달성하기 위해 다음의 세 가지가 필요하다.

첫째, 각 교회에 필요성을 알리고, 교육 계획을 수립하여 실행하게 하는 것이다.
둘째, 인터넷 영상을 통해 계획된 교육을 일관성 있게 지속적으로 실행하는 것이다. 현시점에서 줌을 통한 교육과 복음 전파가 활발해지고 있는 것은 고무적인 일이다.
셋째, 기존의 노년의 사람들에게 노년의 제자도에 대한 영상을 만들어 주기적으로 듣고 볼 수 있게 하는 것이다. 덴버포에버미션이 이 일을 계획하고 실천하려고 한다. 많은 교회와 다른 선교단체가 함께 협력한다면 노년기 사람들에게 큰 도움이 될 것이다.

앞으로 지속되어야 할 연구는, 지금 노년의 관념과 가치관은 무엇이며, 어떻게 형성되었고, 제자의 삶에 어떤 영향을 미치는지에 대한 연구가 세대별로 당시의 문화적 가치관과 함께 연결 지어 실행될 필요가 있다. 지금의 노년은 한국 사회의 어려운 시기에 먹고 사는 문제와 사회 건설이라는 고된 짐을 지고 땀 흘렸던 세대이다. 어려운 삶을 극복하기 위해 기도하면서 난관을 뚫고 지나온 세대이다. 차분하게 공부할 시간이나 여력이 턱없이 부족했다. 자녀들과 도란도란 대화할 여유도 별로 없었다. 이러한 점에서 다음 세대와의 갭이 더 클 수도 있다.

세대와 세대 간의 사람들이 무엇으로 어떻게 이해할 것인가?
힘써서 연구하고 이해할 수 있게 함으로써 예수 그리스도의 유언적 기도대로 남녀노소 구분없이 하나님의 사랑 안에서 하나가 되어야 한다 (요 17:23).

또 하나의 연구 과제는 다음의 질문들과 연관된 것이다.

노년에도 내면의 쓴 뿌리를 정리하고 정신을 활발하게 하는 훈련을 하면 삶이 더 역동적일 수 있나?

여기에 대해 영성과 건강의 문제가 어떤 상관관계가 있어서 정신을 활발하게 하는 데 영향을 줄 수 있나?

다음의 세대는 노년에 대한 선행 연구가 있어야 한다. 100세 시대에 노년에 대한 구체적인 계획이 없으면 자신도 모르는 사이에 나태하게 되고 무력감에 빠져들게 된다. 이렇게 되면 고령화 시대에 너무 많은 세월을 허무하게 보내게 된다.

문제는 또 있다. 다음 세대나 사회에 경제적 부담이나 짐이 된다는 것이다. 그러나 노년기 삶에 들어섰을 때 성경적 관점에서 자신을 성찰해 볼 수 있다면 자신 안에 담겨있는 보화 같은 것들을 발견할 수 있다는 것이다. 하나님이 노년에게 주신 축복의 권위가 있다. 기도를 통해 흘러 보낼 수 있는 것이다. 이것이 곧 영적인 권위이다. 또한, 축복의 통로가 되는 삶인 것이다.

키케로는, 2400년 전에, 젊은 친구에게 "지금은 자네를 위하여 노년에 관한 글을 쓰는 것이 옳은 것 같다"[7]라고 말했다. 현대 세대가 성경을 벗어나 지극히 인본주의적인 삶을 추구하고 있다. 노년이 되기 전에 구원의 확신이나 정체성, 소명, 그리고 소명을 성실하게 실천할 수 있도록 내적인 치유로 진리 안에서 자유하며, 기도-중보기도의 자세가 준비되었을 때, 노년의 시기에 세월을 아껴 제자도의 삶을 더 올곧게 실천할 수 있기 때문이다.

국가를 이루고 있는 공동체 사회에 노년이 왜 필요한지, 무엇을 해야 하는지를 통해 노년의 중요성을 알게 하는 것이 성경적이며 신학적 관점이다. 하나님께서는 노년일지라도 여전히 사랑하시며 결실하는 제자도의 삶으로 인도하신다.

---

7 키케로, 『노년에 관하여』, 17.

참고 문헌

『성경전서 개역 개정판』대한성서공회, 2001.

가이어, 켄.『묵상하는 삶』윤종석 역, 서울: 두란노, 2001.

강동우, 배주연, 오주리, 이은주.『(개정판) 논리적 사고와 글쓰기』경기도: 경진출판, 2020.

기독지혜사편찬위원회.『엑스포지터스 성경 연구주석』서울: 기독지혜사, 1987.

고광애.『아름다운 노년을 위하여』서울: ㈜ 아침의 나라, 2006.

골먼, 다니엘. 보이애치스, 리처드. 맥키, 애니.『감성의 리더십』, 장석훈 역, 경기도: 청림출판, 2007.

그루뎀, 웨인.『기독교 윤리학 (상)』, 전우의 역, 서울: 부흥과개혁사, 2020.

그륀, 안셀름.『황혼의 미학』, 윤선아 역, 경북: 분도출판사, 2013.

글레이서, 마르셀로.『최종 이론은 없다―거꾸로 보는 현대 물리학』. 조현욱 역, 서울: 까치 글방, 2010.

기니스, 오스.『소명』, 홍병룡 역, 서울: VIP, 2002.

기든스, 앤소니.『현대성과 자아정체성 후기 현대의 자아와 사회』, 권기돈 역, 서울: 새물결출판사, 2001.

김기철,『나이듦의 아름다움: 시니어 돌봄을 위한 목회신학적 성찰』, 배제대학교, 한국목회상담학회, 제33권, 2019.

김남준.『육적 그리스도인 VS 영적 그리스도인』서울: 생명의말씀사, 2001.

김동인, 황순원, 김원일, 성석제 외.『한국 단편소설 베스트 39』서울: 혜문서관, 2019.

김미경,『노년기 영성회복을 위한 성경적 모델: 모세와 갈렙을 중심으로』, 한영신학대학교, 한국복음주의상담학회, vol.19. 통권 19호, 2012.

김민형,『수학이 필요한 순간, 인간은 얼마나 깊게 생각할 수 있는가』서울: 플루엔셜, 2020.

김영봉.『사귐의 기도』서울: 한국기독학생회출판부, 2013.

김재진. 『Westminster 소요리 문답 해설』 서울: 대한기독교서회, 2004.
김형석. 『백년을 살아보니』 서울: 알피스페이스, 2019.
_____. 『삶의 한가운데 영원의 길을 찾아서』 경기도: 열림원, 2020.
나우웬, 헨리. 『마음의 길』, 윤종석 역, 서울: 두란노서원, 2015.
_____. 『영성에의 길』, 김명희 역, 서울: 한국기독학생회출판부, 2002.
_____. 『예수님을 생각나게 하는 사람』, 피현희 역, 서울: 두란노서원, 2016.
_____. 『예수님의 이름으로』, 두란노출판부 역, 서울: 두란노서원, 2008.
_____. 『상처 입은 치유자』, 최원준 역, 서울: 두란노서원, 1999.
_____. 『집으로 돌아가는 길』, 최종훈 역, 서울: 포이에마, 2015.
_____. 『춤추시는 하나님』, 윤종석 역, 서울: 두란노서원, 2016.
누스바움, 마사 · 레브모어, 솔. 『지혜롭게 나이 든다는 것, 현명하고 우아한 인생 후반을 위한 8번의 지적 대화』, 안진이 역, 서울: 어크로스, 2019.
뉴포트, 칼. 『딥 워크』, 김태훈 역, 서울: 민음사, 2020.
니버, 라인홀드. 『도덕적 인간과 비도덕적 사회』, 이한우 역, 서울: 문예출판사, 2000.
니버, 헬무트 리처드. 『그리스도와 문화』, 홍병룡 역, 서울: 한국기독학생회출판부, 2007.
니콜스, 편. 『기도하는 엄마들』, 손미라, 최복순 역, 서울: 프리셉트, 1998.
다우닝, 짐. 『묵상』, 네비게이토 출판사 역, 서울: 네비게이토출판사, 1993.
대천덕 (아처 토리). 『산골짜기에서 외치는 자의 소리』, 서울: 한국양서, 1989.
더남, 맥시. 『중보기도』, 구교환 역, 서울: 세복, 2001.
_____. 『예수님처럼 사랑하자』, 류명옥 역, 서울: 세복, 2002.
더남, 맥시 · 레이스먼, 킴벌리 더남. 『성령의 열매와 생활』, 박재승 역, 서울: 세복, 2001.
데레사, 마더. 『모든 것은 기도에서 시작됩니다』, 이해인 역, 서울: 황금가지, 1999.
데이비스, 존 제퍼슨. 『묵상, 하나님과의 교통 혼란의 시대에 성경을 상고함』, 정성욱, 정인경 역, 서울: CLC, 2014.
도슨, 조나단. 『복음 중심의 제자도』, 전의우 역, 서울: 국제제자훈련원, 2013.
도우슨, 조이. 『스릴 있고 성취감 넘치는 중보기도』, 김세라 역, 서울: 예수전도단, 2000.
_____. 『삶을 변하시키는 하나님의 불』, 김세라 역, 서울: 예수전도단, 2007.

_____. 『하나님의 음성을 듣는 삶』, 방원선 역, 서울: 예수전도단, 2002.
똘스또이.『전쟁과 평화 I·II』, 맹은빈 역, 서울: 동서문화사, 20015.
디한, 엠 알.『율법이냐 은혜냐』, 이용화 역, 서울: 생명의말씀사, 1997.
라이트, 톰.『하나님과 팬데믹: 코로나와 포스트 코로나 시대에 대한 기독교적 성찰』,
　　　이지혜 역, 경기도: 비아토르, 2020.
_____.『성경과 하나님의 권위』, 박장훈 역, 서울: 새물결플러스, 2011.
라킨, 윌리엄.『문화와 성경 해석학』, 정득실 역, 서울: 생명의말씀사, 2000.
람세이, 윌리암.『사도 바울』, 박우석 역, 서울: 생명의말씀사, 1988
레리스, 미셸.『성년』, 유호식 역, 서울: 이모션픽처스, 2016.
로스, 데이비드 E.. 오대원.『묵상하는 그리스도인』. 양혜정 역, 서울: 예수전도단, 2005.
로이드존스, 마틴.『로이드존스의 부흥』, 서문강 역, 서울: 생명의말씀사, 2000.
로이드존스, D. M.『성령 세례』, 정원태 역, 서울: CLC, 1995.
_____.『성령론』, 홍정식 역편, 서울: 새순출판사, 1990.
_____.『십자가와 구속』, 서문강 역, 서울: CLC, 1987.
_____.『그런데도 불구하고』, 정중은 역, 서울: 풍만, 1989.
롤랜드 버거.『4차 산업혁명, 이미 와 있는 미래』, 김정희, 조원영 역, 경기도: 다산북스, 2018.
루이스, C. S.『고통의 문제』, 이종태 역, 서울: 홍성사, 2016.
_____.『순전한 기독교』, 장경철, 이종태 역, 서울: 홍성사, 2009.
르고프, 자크.『서양 중세 문명』, 유희수 역, 서울: 문학과지성사, 2015.
리아우, 소시니.『당신의 문화로 그리스도를 존귀케 하라』, 현문신 역, 서울: 예수전도단, 1999.
리프킨, 제러미.『소유의 종말』, 이희재 역, 서울: 민음사, 2008.
마샬, 탐.『관계』, 채병두 역, 서울: 예수전도단, 2004.
_____.『자유케 된 자아』, 예수전도단 역, 서울: 예수전도단, 2002.
_____.『깨어진 관계의 회복』, 채두병 역, 서울: 예수전도단, 1995.
_____.『내면으로부터의 치유』, 이상신 역, 서울: 예수전도단, 1994.
마이어스, 글랜.『세계를 품은 그리스도인이 되려면』, 백인숙 역, 서울: 조이선교회출판부, 1997.
맥글랑, 플로이드.『하나님과의 친밀감』, 예수전도단 역, 서울: 예수전도단, 1995.

맥도날드, 고든.『내면세계의 질서와 영적 성장』, 홍화옥 역, 서울: 한국기독학생회출판부, 2002.

_____.『리더는 무엇으로 사는가』, 김명희 역, 서울: 한국기독학생회출판부, 2020.

맥로린, 사라.『침묵 기도』, 전의우 역, 서울: 생명의말씀사, 2000.

맥스웰, 존.『기도 동역자』, 정인홍 역, 서울: 디모데, 1999.

_____.『리더십의 21가지 불변의 법칙』, 채천석 역, 경기도: 청우, 2002.

맥아더, 존 F.『은사 (I) 예언자인가, 광신자인가, 아니면 이단인가?』, 서울: 생명의샘, 1995.

_____.『은사 (II) 성령의 역사인가, 사단의 장난인가?』, 서울: 생명의샘, 1995.

머레이, 앤드류.『순종』, 김문학 역, 서울: CLC, 1992.

머리, 앤드류.『예수님의 보혈의 능력』, 조규상 역, 서울: 생명의말씀사, 1981.

_____.『너희도 거룩하라』, 김광택 역, 서울: 생명의말씀사, 1982.

멍어, 로버트.『내 마음 그리스도의 집』, 편집부 역, 서울: 한국기독학생회출판부, 2005.

뮐러, 헤르타.『숨그네』, 박경희 역, 경기도: 문학동네, 2019.

뮬러, 죠지.『죠지 뮬러와 기도의 응답』, 최종상 역, 서울: 생명의말씀사, 1992.

밀러, 대로우.『생각은 결과를 낳는다』, 윤명석 역, 서울: 예수전도단, 1999.

바그, 존.『우리가 모르는 사이』, 문희경 역, 서울: 청림출판, 2019.

박영선.『하나님의 설복, 로마서 강해』서울: 크리스챤서적, 1991.

_____.『신앙 클리닉』서울: 규장문화사, 1999.

_____.『하나님 나라 이해』서울: 엠마오, 1992.

박형룡.『박형룡 박사 저작 전집 III』서울: 한국기독교교육연구원, 1988.

_____.『교의 신학, 인죄론』서울: 한국기독교교육연구원, 1988.

백스터, 리차드.『세계기독교고전 19』, 지상우 역, 서울: 크리스챤 다이제스트사, 1990.

_____.『참된목자』, 지상우 역, 서울: 크리스챤 다이제스트사, 1990.

벌코프, 루이스.『조직 신학 개론』, 서윤택 역, 서울: 세종문화사, 1990.

보들레르, 샤를 피에르.『악의 꽃/파리의 우울』, 박철화 역, 서울: 동서문화사, 2018.

볼프, 미로슬라브 · 매커닐리린츠, 라이언.『행동하는 기독교』, 김명희 역, 서울: 한국기독학생회출판부, 2018.

부스, 컬럼·윌리엄스, 비접·피츠제럴드.『학술논문작성법』, 양기석, 신순옥 역, 서울: 휴먼싸이언스, 2019.

브라이트, 존.『하나님의 나라』, 김철손 역, 서울: 컨콜디아사, 1992.

비비어, 존.『존 비비어의 두려움』, 임종원 역, 서울: 미션월드라이브러리, 2003.

산데, 켄.『화평하게 하는 자』, 신대현 역, 서울: 피스메이커, 2018.

_____.『피스메이커』, 황규명 역, 서울: 피스메이커, 2005.

샌델, 마이클.『정의란 무엇인가』, 이창신 역, 경기도: 김영사, 2010.

쉬츠, 더취.『하늘과 땅을 움직이는 중보기도』, 김주성 역, 서울: 베다니출판사, 2000.

슈바르츠, 크리스티안 A.『자연적 교회 성장』, 윤수인 외 3 역, 서울: NCD, 2000.

슐링크, 바실레아.『그리스도인의 승리』, 엠마오 역, 서울: 마오, 1992.

스맬리, 게리·트렌드, 존.『사랑언어 . 그림언어』, 서원교 역, 서울: 요단출판사, 1999.

스미스, 론·패너, 롭.『하나님의 값없이 주시는 선물, 은혜』, 강윤옥 역, 서울: 예수전도단, 1998.

스미스, 척.『은혜의 비밀』, 오영길 역, 서울: 나침반사, 2001.

스미스, 티모시 더들리.『존 스토트』, 정옥배, 김성녀 역, 서울: 한국기독학생회출판부, 1999.

스타트, 존.『그리스도의 십자가』, 지상우 역, 서울: 기독교문서선교회, 1988.

스탠리, 찰스.『하나님의 음성을 듣는 법』, 이미정 역, 서울: 두란노, 2002.

스톰즈 샘.『우리 세대를 위한 조나단 에드워즈 신앙감정론』, 장호준 역, 서울: 복있는 사람, 2019.

스톳트, 존.『하나님의 새로운 사회』, 박상훈 역, 서울: 아가페출판사, 1986.

스툽, 데이빗·매스텔러, 제임스.『부모를 용서하기 나를 용서하기』, 정성준 역, 서울: 예수전도단, 2002.

아키나리, 토마스.『압축 고전 60권』, 오민혜 역, 서울: 알에이치코리아, 2021.

안종혁. "고령화 사회에서의 노년을 위한 영성 훈련 —안동교회 노년을 중심으로—." 박사 학위 논문, 장로회신학대학교 목회전문대학원, 2013.

알브레히트, 칼.『똑똑한 사람들의 멍청한 회사 멍청한 사람들의 똑똑한 회사』, 심재관 역, 서울: 한스컨텐츠, 2006.

양형주.『정말 구원받았습니까』서울: 브니엘, 2021.

조나단, 에드워즈.『조나단 에드워즈 전집 제1권 신앙감정론』, 존 스미스 편집. 정성욱 역, 서울: 부흥과개혁사, 2020.

에드워드, 진.『깨어진 마음 세 왕 이야기』, 허령 역, 서울: 예수전도단, 1999.

오르티즈, 후안 카를로스.『제자입니까』, 김성웅 역, 서울: 두란노, 1989.

오제, 마르크.『비장소 초근대성의 인류학 입문』, 이상길, 이윤영 역, 경기도: 아카넷, 2021.

옥한흠.『시험이 없는 신앙생활은 없다』 서울: 두란노, 1989.

_____ .『평신도를 깨운다』 서울: 두란노, 1998.

와일리, 오톤·컬벗슨 폴.『웨슬리안 조직신학』, 전성용 역, 서울: 세복, 2002.

요나손, 요나스.『창문 넘어 도망친 100세 노인』, 경기도: 열린책들, 2020.

우벨스, 랜스.『그리스도의 십자가의 능력』 정정숙 역, 서울: 예수전도단, 1996.

워커, 알란.『당신의 생애도 변화될 수 있다』, 홍성철 역, 서울: 세복, 2002.

유동준.『설교자를 위한 언어학』 서울: 쿰란출판사, 1996.

웬함, 고든.『Word Biblical Commentary 성경주석, 시편(중)』, 박영호 역, 서울: 솔로몬, 2006.

윌라드, 달라스.『하나님의 음성』, 윤종석 역, 서울: 한국기독학생회출판부, 2014.

_____ .『하나님의 모략』, 윤종석 역, 서울: 복있는사람, 2002.

_____ .『잊혀진 제자도』, 윤종석 역, 서울: 복있는사람, 2019.

이광규.『한국 문화의 심리인류학 (韓國 文化의 心理人類學)』 서울: 집문당, 1997.

이근후.『나는 죽을 때까지 재미있게 살고 싶다』 서울: 웅진씽크북, 2019.

이명진. 손주희.『노년세대의 사회적 관계 측정: 지수 구성의 문제를 중심으로』, 한국조사연구학회, 2017.

이승협. "김종서 박사의 학문 활동에 대한 생애사적 탐색-초기 문해교육 연구를 중심으로-," 석사 논문, 서울대학교 대학원, 2013.

임미화. "청년기 건강한 자기애와 하나님의 상(Image) 회복에 대한 현상학적 연구," 박사학위논문, 웨스트민스터신학대학원대학교, 2018.

정대위.『그리스도교와 동양인의 세계』 서울: 한국신학연구소, 1986.

정성욱.『삶 속에 적용하는 Life 삼위일체 신학』 서울:홍성사, 2007.

_____ .『밝고 행복한 종말론』 경기도: ㈜눈출판그룹, 2016.

_____. 『한국교회, 이렇게 변해야 산다』 경기도: 큐리오스북스, 2018.

_____. 『한눈에 보는 십자가 신학과 영성』 서울: 부흥과개혁사, 205.

정회성. 『아버지, 이제는 사랑한다고 말할 수 있어요』 서울: 죠이선교회, 2004.

조영아. "노년의 정체성 정립을 위한 해석학적 모색: 리쾨르의 이야기 정체성을 중심으로," 한국 하이데거학회, 현대유럽철학연구 제47호, 2017.

채프먼, 게리. 『5가지 사랑의 언어』, 장동숙 역, 서울: 생명의말씀사, 1999.

천종수 편집위원. 『크로스 종합주석』 서울: 시내, 1993.

최길성. 『한국인의 한 (韓國人의 恨)』 서울: 예전사, 1991.

최선호. 『한국 현대 노년 소설 연구』 경기도: 국학자료원 새미 ㈜, 2019.

칸트, 임마누엘. 『순수이성 비판』, 이명성 역, 서울: 홍신문화사, 2001.

칼빈, 존. 『기독교 강요 (상.중.하)』, 김종흡 외 3인 공역, 서울: 생명의말씀사, 1998.

캡스, 찰스. 『혀의 창조적 능력을 사용하라』, 오태용 역, 서울: 베다니출판사, 2001.

_____. 『당신의 말속에 성공이 들어있다』, 최기운 역, 서울: 베다니출판사, 2003.

켈러, 팀. 『기도』, 최종훈 역, 서울: 두란노서원, 2015.

_____. 『센터처치』, 오종향 역, 서울: 두란노서원, 2019.

_____. 『설교』, 채경락 역, 서울: 두란노서원, 2016.

_____. 『일과 영성』, 최종훈 역, 서울: 두란노 서원, 2015.

_____. 『정의란 무엇인가』, 최종훈 역, 서울: 두란노서원, 2017.

_____. 『탕부 하나님』, 윤종석 역, 서울: 두란노서원, 2016.

코르네유, 피에르. 『코르네유 희곡선』, 박무호 외 4역, 서울: 이화여자대학교출판부, 2006.

크레스웰, 존 W. 『연구방법: 질적·양적 및 혼합적 연구의 설계, 4판』, 정종진 외 9인 역, 서울: 시그마프레스, 2018.

키케로. 『노년에 관하여 우정에 관하여』, 천병희 역, 경기도: 숲, 2014.

탐슨, 부르스·탐슨, 바바라. 『내 마음의 벽』, 허광일 역, 서울: 예수전도단, 1997.

토레이, R. A. 『기도와 영력』, 임성택 역, 서울: 생명의말씀사, 1993.

_____. 『너희가 믿을 때에 성령을 받았느냐』, 서울: 한국양서. 1989.

토플러, 앨빈·토플러, 하이디. 『부의 미래』, 김중웅 역, 경기도: 청림출판, 2007.

패커, 제임스. 『당신을 향한 하나님의 계획』, 정옥배 역, 서울: 두란노, 2002.
_____. 『성령을 아는 지식』, 홍종락 역, 서울: 홍성사, 2002.
_____. 『은혜를 아는 지식』. 손영배 역, 서울: 쉴만한물가, 2002.
팩, M. 스코트. 『거짓의 사람들』, 서울: 두란노, 1997.
펙, H. 스코트, 『두란노 빛과 소금 시리즈 10 거짓의 사람들』, 윤종석 역, 서울: 두란노, 1991.
포스터, 리처드 & 그리핀, 에밀리 편집. 『리처드 포스터와 함께하는 영성 고전 산책』, 서울: 두란노, 2002.
프리슨, 게리. 『결정이 애매할 때, 하나님의 마음에 맞는 결정 방법』, 김재영 역, 서울: 종합선교-나침반사, 1980.
피터슨, 유진. 『현실에 뿌리박은 영성』, 이종태 역, 서울: 한국기독학생회출판부, 2000.
_____. 『유진 피터슨의 기도학교』, 윤매영 역, 서울: 죠이선교회, 2002.
헤겔, G.W.F. 『역사철학강의』, 권기철 역, 서울: 동서문화사, 2021.
헤셀그레이브, 데이비드. 『선교 커뮤니케이션론』, 강승삼 역, 서울: 생명의말씀사, 1999.
헤이스, 리처드. 『신약의 윤리적 비전』, 유승원 역, 서울: 한국기독학생회출판부, 2015.
헤이즈, 에드워드. 『네가 선 곳은 어디든지 거룩한 곳이니라』, 윤종석 역, 서울: 한세, 1997.
호그, 게리. 『착하고 신실한 종』, 정인경 역, 서울: 랭삭, 2021.
홈즈, 아더. 『기독교 세계관』, 이승구 역, 서울: 엠마오, 1985.
홍성건. 『하나님이 찾으시는 사람』. 서울: 예수전도단, 2003.
홍은희·최영애·오승은. 『라이프케어 증진을 위한 노년기의 노년초월, 가족지지, 사회적지지, 자아존중감, 죽음불안과의 관계』, 한국엔터테인먼트산업학회논문지 제13권 제2호, 2019.
후크마, 안토니 A.. 『크리스챤의 자기 성찰』, 정정숙 역, 서울: 총신대학교출판부, 1981.
히버트, 폴. 『선교와 문화인류학』, 김동화, 외 3 역, 서울: 죠이선교회출판부, 1996.

Ahn, Jeremy. "Redemptive Understanding of God's Genocidal Commands to the Israelites: Helping Christians and Non-Christians Overcome Negative Images of God Stemming from God's Genocidal Commands in the Old Testament." D. Min. Thesis, Denver Seminary of Littleton, CO, 2020.

Carnegie, Dale. *How to Win Friend & Influence People.* New York: Simon & Schuster, 1981.

Deutsch, Morton. *The Handbook of Conflict Resolution: Theory and practice Second Edition.* San Francisco, CA: Jossey-Bass, 2006.

Dobson, James C.. *Parenting Isn't for Cowards: Dealing Confidently with the Frustrations of Child-Rearing.* Waco, TX: Word Books, 1987.

English, Christopher. "Exchanging Shame for Glory in Christ: The Effect of an Intensive Spiritual Formation Small Group and Retreat on Developing Shame Resilience," D. Min. Thesis, Denver Seminary, 2018.

Gilmore, John Lewis, *An Analysis of Salvation—Assurance, Colorado*, Littleton, CO: Denver Seminary, 1980.

Hertig, Young Lee. *Cultural Tug of War: The Korean Immigrant Family and Church in Transition.* Nashville, TN: Abingdon Press, 2001.

Klein, William W. · Steiner, Daniel J.. *What Is My Calling? A Biblical and Theological Exploration of Christian Identity.* Grand Rapids, MI: Baker Publishing Group, 2022.

Idleman, Kyle. *Not a Fan. Becoming a Completely Committed Follower of Jesus.* Grand Rapids, MI: Zondervan, 2011.

Maxwell, John C.. *Developing the Leader Within You.* Nashville, TN: Thomas Nelson, 1993.

McDowell, Josh. *Find the Treasure in You*. San Bernardino, CA: Tyndale House Publishers, 1990.

Neufeld, Gerald. "Peaching and Teaching Jesus' Parables in a Narrative Fashion to Help People Embrace Kingdom Values." D. Min. Thesis, Denver Seminary of Littleton, CO, 2018.

Osborn, David. *A Paradigm for Leadership.* Littleton, CO: Denver Seminary Doctor of Ministry Document. 2007.

Sande, Ken. *The Peace Maker: A Biblical Guide to Resolving Personal Conflict Third Edition.* Grand Rapids, MI: Baker Books, 2004.

허종호·전선영·오창모·황종남·오주환·조영대. 『출생 코호트 효과와 연령-기간-코호트 분석』, 2021년 7월 3일 접속. https://doi.orgg/10.4178/epih.e2017056.